Britta Gudat

Unsere MM-Tour

500 Kilometer zu Fuss von München nach Venedig
mit 2 Kindern

Alle sagten: Das geht nicht. Da kam einer, der wusste das nicht und hat es einfach gemacht.

Britta Gudat

Unsere MM-Tour

Von München nach Venedig

500 Kilometer zu Fuss mit zwei Kindern

Impressum

Bibliografische Information der Deutschen Nationalbibliothek:
Die Deutsche Nationalbibliothek verzeichnet diese Publikation in der Deutschen Nationalbibliografie; detaillierte bibliografische Daten sind im Internet über http://dnb.dnb.de abrufbar.

© 2020 Britta Gudat

Herstellung und Verlag: BoD – Books on Demand, Norderstedt

ISBN: 978-3-7526-4207-0

Idee	7
Zeitplanung	10
Entscheidung	12
Tag 1 – Lenggries Bahnhof – Tutzinger Hütte	17
Tag 2 – Tutzinger Hütte – Vorderriß	23
Tag 3 – Vorderriß – Karwendelhaus	30
Tag 4 – Karwendelhaus – Halleranger Alm	39
Tag 5 – Halleranger Alm – Wattens	51
Tag 6 – Wattens – Lizumer Hütte	59
Tag 7 – Lizumer Hütte – Tuxer-Joch-Haus	62
Tag 8 – Tuxer-Joch-Haus - Dominikushütte	69
Tag 9 – Dominikushütte – Stein	77
Tag 10 – Stein-Pfunders	84
Tag 11 – Pfunders – Kreuzwiesenalm	94
Tag 12 – Kreuzwiesenalm – Schlüterhütte	102
Tag 13 – Schlüterhütte – Puezhütte	111
Tag 14 – Puezhütte – Grödner Joch – Fedaiasee	123
Tag 15 – Fedaiasee – Alleghe	136
Tag 16 – Alleghe – Ruhetag	142
Tag 17 – Alleghe – Tissihütte	147
Tag 18 – Rifugio Tissi – Rifugio Bruto Carestiato	156
Tag 19 – Rifugio Bruto Carestiato – Rifugio Pian de Fontana	167
Tag 19 – Rifugio Pian de Fontana – Belluno	178
Tag 20 – Belluno – Rifugio Col de Visentin	187
Tag 21 – Rifugio Col de Visentin – Tarzo/ Le Noci	193
Tag 22 – Agriturismo Le Noci – Ponte della Priula	202
Tag 23 – Ponte della Priula – Bocca Callalta	210
Tag 24 – Bocca Callalta – Caposile	216
Tag 25 - Caposile – Markusplatz	223

Idee
April 2014

Im strammen Tempo wanderte ich mit meinen beiden Kindern, zu diesem Zeitpunkt war meine Tochter Leonie 13 Jahre alt, mein Sohn Luis 10, im April 2014 durch die Eifel, unser Weg führte uns über den Eifelsteig. Meine Absicht war es, den beiden die Vulkaneifel zu zeigen und wie kann man diese besser erleben, als zu Fuß? Bei fast winterlichem Wetter starteten wir in Gerolstein und ich fragte mich, ob im April Mütze, Schal und Handschuhe tatsächlich motivierend seien. Mit jedem Tag stieg jedoch die Temperatur, somit die Motivation und unsere Kondition. Bergauf, bergab, so ging es von einem erlebnisreichen Tag zum nächsten.

Da so ein Wandertag auch lang sein kann und die Hügel wie Berge erscheinen, findet so manche Unterhaltung statt, für die zu Hause keine Zeit ist. Ich liebe diese Themen und daraus folgenden Diskussionen, die im Alltag zu kurz kommen

Eine dieser Unterhaltungen war sehr nachhaltig. Ich erwähnte beiläufig die Existenz eines Wanderwegs von München nach Venedig. Warum? Keine Ahnung. Ich fand es einfach ziemlich seltsam, dass sich Menschen freiwillig in so ein nicht ganz ungefährliches Abenteuer begeben. Gleichzeitig faszinierte mich der Mut und die Abenteuerlust von diesen Menschen, die für mich in einer Parallelwelt lebten.

Luis hatte mit vier Jahren seinen ersten Gipfel im Karwendelgebirge bestiegen und ist seitdem fasziniert von den Alpen. Als Düsseldorfer ist das in meinen Augen durchaus bemerkenswert.

Er staunte jedenfalls und sagte mit leuchtenden Augen nur: „DAS MÖCHTE ICH MACHEN!"

Leonie, die sich mit sechs Jahren das erste Mal an einem Gipfelkreuz mühsam mit ersten Schreibversuchen in einem Gipfelbuch verewigte, war mittlerweile zwölf. Sie schüttelte fassungslos und sehr spontan den Kopf, führte ihren Zeigefinger langsam und sehr, sehr bedeutungsvoll an die Stirn, tippte leicht daran und negierte auf lange Sicht sehr eindeutig ihre Teilnahme. Somit war das Thema mehr oder minder für mich erledigt, denn ich hatte keine Absicht, diesen Weg zu laufen – schon gar nicht allein mit Kindern in diesem Alter.

Luis behielt diese Idee zu unserem Leidwesen in seinem Gedächtnis. Er nannte sie fortan unsere MM-Tour und erinnerte mich und uns beharrlich und in regelmäßigen Abständen an das noch ausstehende Projekt. Ich musste erkennen, dass er es sehr ernst meinte und keine Absicht hatte, mit der Durchführung zu warten, bis er erwachsen war. Bei einem Besuch in der Buchhandlung ging er auf direktem Wege in die Reiseabteilung, fragte nach einem Wanderführer für die Alpenquerung und kam mit dem bekannten roten Büchlein zu mir. Schon allein, um ihn vom Gegenteil zu überzeugen, kauften wir ihn und sahen ihn uns zu Hause gemeinsam an.

Zugegeben, durch viele Roadtrips mit unserem VW Bus nach Skandinavien, fernab von jeder Zivilisation über Wochen, Kanutrips, Wanderungen etc. waren wir drei an einen minimalistischen und abenteuerreichen sowie spontanen Urlaub gewöhnt. Wir brauchen Freiheit und Natur, aber ein solches Risiko einzugehen lag mir zu diesem Zeitpunkt sehr fern.

Wir blätterten und lasen gemütlich im Winter vor dem Kamin auf der Couch in dem Büchlein. Luis wurde nicht müde meine Bedenken wegzudiskutieren (er ist in der Familie der König der Diskussionen) und dennoch war mir klar, dass diese Wanderung definitiv nicht stattfinden würde.

Ich klappte das Buch zu, legte es auf den Tisch und beendete die Unterhaltung mit einem für Eltern so typischen „Das ist zu gefährlich, das mache ich nicht und Punkt". Damit war das Thema für mich erledigt.

ZEITPLANUNG

2015

Als König der Diskussionen kann man so etwas nicht einfach hinnehmen. Er war schlau genug, es bis zu einem geeigneteren Zeitpunkt ruhen zu lassen. Als wir meinen Bruder im Frühjahr in Bayern besuchten, fanden wir uns in der lokalen Buchhandlung wieder und wieder zog mein Sohn ein Buch zu diesem Thema heraus. Ich frage mich noch heute, wie er es so schnell fand.

Er las mir die Passagen von den gefährlicheren Teilen, sprich Klettersteigen vor, die sich plötzlich aus der Perspektive dieses Autors machbar anhörten. So fing ich nun doch an, mich näher mit der Durchführbarkeit zu beschäftigen und öffnete mich nach und nach und über Wochen und Monate etwas dem Gedanken.

Ich fragte sogar meinen Bruder nach seiner Teilnahme bei dieser Exkursion, der zwar große Lust hatte, aber nach Durchdenken der Angelegenheit aufgrund seiner noch sehr kleinen Kinder keine Möglichkeit der langen Abwesenheit sah.

Die Folge waren viele Warnungen und Horrorszenarios, von denen er mir groß und breit berichtete und ausmalte. Ich kannte bald sämtliche Unfälle, die sich in den Bergen zu der jeweiligen Zeit abspielten, erhielt Zeitungsausschnitte und Artikel aus dem Internet. Er meinte es gut und ich war natürlich sehr empfänglich für diese sehr gefilterten Informationen. Er verschwieg aber unter anderem die Tatsache, dass auch sehr viele Menschen die Berge ohne Probleme erwanderten (dabei möchte ich die Gefahren selbstverständlich nicht herunterspielen).

Nun war Sohnemann entschlossen, ich war hin- und hergerissen, meine Tochter war ebenfalls entschlossen - zur Absage des Unterfangens. Ich wusste, wenn, dann gehen wir maximal zu dritt (eher zu zweit) und ich hatte keine Ahnung, wie ich in einem Notfall in den Bergen am Rande der Zivilisation agieren sollte. Ich schob die Gedanken und die Vorstöße meines Sohnes immer wieder erfolgreich auf. Pattsituation.

Wir fuhren in jenem Sommer mit unserem VW Bus nach Lappland...

ENTSCHEIDUNG

2017

Die Planung hatte geruht, die Kinder waren älter. Ich nenne sie dennoch Kinder, obwohl ich es eigentlich nicht mehr darf, aber sie sind nun einmal „meine Kinder". Wir setzten uns hin und überlegten in aller Ruhe neu. Eine Notsituation erschien mir mittlerweile ein überwindbares Hindernis zu sein, da beide Kinder nun alt genug waren (15 und 13), um besondere Situationen selbst einschätzen zu können. Auch hätten sie durchaus eine Strecke, z.B. um Hilfe zu holen, alleine bewältigen können. Ich las viele Blogs im Internet, sprach mit vielen bergerfahrenen Bekannten und informierte mich etwas detaillierter.

Das Ergebnis war: 2018 geht es los. Zumindest für Luis und mich. Das Alter passte, er sollte dann gerade 15 Jahre alt sein und für den Fall, dass Leonie nicht mitkommen wollte, war sie mit 16, fast 17 Jahren, alt genug, die Zeit auf ihre Art und Weise zu verbringen. Ich reichte 4,5 Wochen Urlaub ein und wie durch ein kleines Wunder wurde dieser genehmigt. Ich teilte meinen Kindern dieses Ereignis und die hierdurch werdende Realität mit.

Luis konnte es nicht so ganz glauben, dass wir den ursprünglich absurden sowie fast unmöglichen Plan umsetzen würden, für Leonie entstand umgehend ein Entscheidungsproblem. Es gab nur ja oder nein. Von nun an nahm ich zur Beruhigung nur noch den grünen

Wanderführer in die Hand, den roten legte ich bewusst zur Seite.

Körperlich waren beide Kinder sehr fit, ich traute es beiden zu, allein bei mir hatte ich ansatzweise Zweifel. Ich orientierte mich an Trailrunnern, Extremsportlern und passionierten Bergsteigern und kam zu dem Schluss, dass ich tatsächlich noch hart dafür arbeiten müsse. Ich war nicht unsportlich, aber dennoch weit entfernt von einem Bergprofi. Das war übertrieben, spornte mich aber an.

Am 26.07. sollte Luis seinen 15. Geburtstag feiern, am 27.07. sollte der Startschuss fallen.

Ich nahm die Urlaubsgenehmigung als Zeichen und kaufte mir gleich im Herbst neue Wanderschuhe, die ich gut einlaufen wollte. Als Mitglied des DAV nahm ich an diversen Wanderungen im Bergischen Land und in meinem direkten Umland bei Wind und Wetter teil, erwanderte den Rheinsteig und fuhr möglichst viel mit dem Rad. Viel mehr gab die Düsseldorfer Gegend und das Umland leider als Vorbereitung in meinen Augen nicht her.

Dann kam der Point of no return für Leonie, die Stunde null sozusagen. Sie brauchte ebenfalls Schuhe, die ich ihr allerdings bei den gängigen Preisen nur bei Teilnahme unseres Abenteuers zu kaufen gedachte. Sie musste sich entscheiden.

Ich möchte gar nicht wissen, wie viele schlaflose Nächte sie insgeheim verbracht hat und sich unendlich gewunden hat.

Irgendwann trat sie entschlossen aus ihrer Zimmertüre und teilte klar ihre Meinung mit: Bevor sie sich stundenlang anhören müsse, wie toll die Wanderung war, Fotos ansehen müsse, zu der sie keine Relation habe und (für den Fall, dass wir tatsächlich ankommen sollten) das Gefühl bei der Ankunft in Venedig verpasst zu haben, käme sie selbstverständlich mit. Dieser Gedanke war ihr noch unerträglicher als der Gedanke an Schweiß, Muskelkater und Scharten – auch eine Art der Motivation.

Ich freute mich unbändig, denn mit 16 ist es sicherlich nicht selbstverständlich, dass man noch mit der Mutter und dem „kleineren" Bruder in einen Urlaub fährt. Also ging es los: Schuhe kaufen, Ausrüstung besorgen, Wanderführer und Internet lesen, Route checken.

Zu meinem 50. Geburtstag im Frühjahr desselben Jahres flogen wir drei nach Nepal. Ich sah in diesem Urlaub auch eine Art Vorbereitung für die Alpenquerung, fest in dem Glauben, wenn wir dort in der Höhe herumspringen könnten, könnten wir das in den Alpen erst recht. Da uns der Trek im Annapurna Gebirge sehr leichtfiel, waren wir fest überzeugt, bestens vorbereitet zu sein. Fast verblasste unser Vorhaben bei dem eindrucksvollen und erlebnisreichen Urlaub am Fuße der 8000-er Berge.

Ganz pflichtbewusst nahmen wir an einem Kurs des DAVs teil. Dort wurde der Umgang mit Kompass und Planzeiger geschult, die Fähigkeit des detaillierten Kartenlesens aufgefrischt, Orientierung bei schlechtem Wetter und viele andere nützliche Tipps und Tricks für die Bergwelt ausgetauscht. Wir fühlten uns bestens gerüstet.

Ich muss allerdings ehrlich gestehen, dass ich mich ob der fehlenden Bergwelt in NRW und gefühltem Zeitmangel körperlich nicht perfekt vorbereitet hatte. Daher hatte ich auch gründlichen Respekt vor dem Startschuss.

Wir trafen die letzten Vorbereitungen, der letzte Arbeitstag ging zu Ende und der Rucksack wurde gefüllt. Es war wunderschön, so sparsam im Gewicht sein zu können, das Packen wurde in Rekordzeit beendet.

Zur Kontrolle und nicht ohne Stolz stellten wir fest, dass das Gewicht bei keinem der drei Rucksäcke 6 kg (ohne Wasserflaschen) überstieg. Besonders positiv überrascht war ich über die Tatsache, dass beide Kinder mit einem Tagesrucksack bestens auskamen. Der Tag unserer Abreise war der 25.7., ein Tag vor dem 15. Geburtstag meines Sohnes. Ich wurde nervös.

Wir fuhren aufgeregt zum Bahnhof und fühlten uns anders als die Restmenge der Touristen am Bahnhof. Mit 300 km/h preschten wir gen Berge.

Den Geburtstag feierten wir gebührend mit der Familie meines Bruders in Bayern. Leonie nahm sich am Schliersee, Blick auf die Berge gerichtet, immer wieder den Wanderführer und fragte sich, ob wir das alles wirklich ernst meinten. Sie hatte Schmerzen im Knie, denn sie hatte sich eine Woche zuvor bei einem Fahrradsturz das Knie aufgeschlagen und humpelte sich hauptsächlich die Distanzen. Sie tat mir sehr leid, denn ich sah ihre Schmerzen und das Problem. Sie riss sich so sehr zusammen, ich hatte ehrlicherweise einen Kloß im Magen.

Mein Bruder, immer sehr besorgt um die kleine Schwester, wurde nicht müde, Dinge aufzuzählen, die lebenswichtig werden könnten. Er hatte große Sorge, dass ich als „Naivchen" losziehen würde und wichtige Dinge nicht beachtete. Er fragte Kartenmaterial, Hirschtalg, Blasenpflaster, Getränkeflaschen, Sportsalbe, Verbandsmaterial und sogar Klopapier ab. Bis auf letzteres konnte ich alles bejahen. Zur Krönung legte er uns noch einen Zeitschriftenbericht über den Tod von einem Bergsteigertrupp vor. Danke dafür.

TAG 1 – LENGGRIES BAHNHOF – TUTZINGER HÜTTE

27.07.2018

Angegebene Zeit: 5 Std, tatsächliche Zeit: 8 Std.

Ich gebe zu, ich packte das Klopapier ganz zum Schluss doch noch ein.

Wir wachten auf, packten den Rucksack zusammen und rannten hektisch zum Bahnhof, um den Zug nach Lenggries nicht zu verpassen. Wir wollten zeitig auf den Berg, der Tag versprach große Hitze und Sonnenschein pur. Irgendwie fühlte es sich nicht so an, als würden wir in ein vierwöchiges Abenteuer starten.

Ich hatte mir einen ruhigen Beginn gewünscht. Aber es passte zu uns, so passierten uns immer die Dinge. Wir waren einfach immer die Letzten, zu spät und in Eile. So verbauten wir uns fast noch den Beginn zusätzlich dadurch, dass wir in der sich trennenden Bahn im falschen Waggon saßen. Das konnte ja heiter werden – wenn sogar eine Bahnfahrt nach Lenggries schon eine Hürde war.

Als Startpunkt hatten wir bewusst Lenggries gewählt. Wir hatten vier Wochen Zeit, es waren 28 Etappen. Wir hatten Sorge, aufgrund eines möglichen Zwangsruhetages um ein bis zwei Tage vor Venedig aufhören zu müssen. Diese Option fanden wir schlimmer, als uns 2-3 Tage Isarwanderung zu schenken. Es war sowieso nicht so attraktiv, bei 35 Grad dem Fluss zu folgen. Ein bisschen tat es mir allerdings um den symbolischen Start auf dem Marienplatz leid.

In Lenggries angekommen stiegen wir lachend aus der Bahn, froh diesen durchaus anspruchsvollen Teil der Wanderung hinbekommen zu haben, cremten uns ein, klatschten ein, machten ein Aufbruchsfoto und los ging es. Der Kommentar einer Bekannten über das Handy „Juhuuu – drei Rucksäcke on Tour!" ließ uns schmunzeln und motiviert losziehen.

Mein Bruder kommentierte den Aufstieg zum Brauneck vor unserer Abfahrt so: „Wer in zwei Stunden nicht da oben ist, der braucht es bis Venedig gar nicht erst zu versuchen.". Wir glaubten ihm.

Die ersten Schweißperlen traten ca. 10 Minuten später auf dem Parkplatz der Bergbahn auf unsere Stirn, gelaufene Höhenmeter ungefähr zehn. Mir kamen erste Zweifel. Etwas früh? Auf jeden Fall! An der Gondelstation stand ein Pärchen, das zu einem Paraglide-Start abgeholt wurde. Ich dachte mir nur: „Wie schön, unser Abenteuer dauert vier Wochen, ihres nur eine Stunde." Und los ging es, ab auf den ersten Berg. Die Hitze war unfassbar, aber wir genossen die Ruhe und starteten in eine Zeit, die uns niemand mehr nehmen würde, egal was passierte.

Zugegeben, wir haben bei diesem ersten Aufstieg schon ordentlich geflucht, geschimpft und besonders Leonie musste arg ihre Zähne mit den Schmerzen im Knie zusammenbeißen. Ob die Berge und wir Freunde würden?

Wir hatten unseren ersten ganz eigenen Tagesablauf und das war der Beginn einer wunderbaren Routine. Als wir am Brauneck Gipfelhaus ankamen (es dauerte nicht zwei, sondern drei Stunden) und unsere erste köstliche Johannisbeersaftschorle tranken, ließen wir den Blick über die Alpen schweifen. Die Sicht war unfassbar, man sah Berge, so weit das Auge reichte - Kaiserwetter nur für uns. Ich sagte zu meinen beiden: „Ich kann mir gar nicht vorstellen, dass wir da überall drüber laufen müssen." Innerlich dachte ich: „Vergiss es, niemals, niemals, mal sehen, wann wir abbrechen, aber das hier ist definitiv eine Nummer zu groß". Aber ich sagte nichts.

Wir rafften uns auf und gingen weiter Richtung Tutzinger Hütte, unser erstes Übernachtungsziel. Vorbei am Latschenkopf mit atemberaubender Sicht auf das Alpenvorland, bis hin zur Allianz-Arena in München, Starnberger See, Kochelsee, es war beeindruckend. Diese Sicht war der Abschied aus der Zivilisation und wir warfen den Blick nach vorne, fest auf die Benediktenwand gerichtet.

Da waren uns doch glatt die Achselköpfe im Weg. Da dieses unser erster Tag war und wir noch nicht die notwendige Sicherheit hatten, entschieden wir uns, diese Kletterpassage zu umgehen. Eine gute Entscheidung, wie sich später noch herausstellen sollte.

Die Umgehung war mit Sicherheit nicht weniger anstrengend, im Gegenteil, ging es doch unaufhaltsam auf und ab mit starker Steigung und niemals endenden Kurven. Irgendwann erreichten auch wir den Fuß der Benediktenwand, ein Ziel, das Luis schon sehr lange erklettern wollte. Er ließ es sich nach anstrengenden sechs Stunden nicht nehmen, zumindest den unteren seilversicherten Teil zu erklimmen. Leonie und ich warteten, keine zehn Pferde hätten uns einen Schritt weiter als notwendig gezogen. Uns lockte mehr der Gedanke an einen Snack als an ein paar weitere Höhenmeter. So erreichten wir unser Tagesziel erst recht spät, es war nach 18 Uhr. Ja, das ist tatsächlich recht spät bei diesen Tagesetappen, das merkten wir aber erst später.

Es war schon spannend, das erste Mal im Lager zu schlafen, die Abläufe in den Hütten zu beobachten, nachdem die Tagesgäste wieder ins Tal abgestiegen waren und die Stille einkehren zu sehen. Man hört viel über die schlimmen Hüttenlager, aber wir waren höchstzufrieden, positiv überrascht und hatten das Gefühl, wir müssten die Speisekarte rauf und wieder runter essen, so einen Hunger hatten wir. Im Nachhinein war das Highlight die Dusche, die einzige von allen Hütten auf der Tour, die nicht zeitlich begrenzt war und auch nicht zusätzlich bezahlt werden musste. Ein paar Wanderkollegen rieben sich die müden Knochen ein, einige lasen im Wanderführer über die bevorstehende Tour (es waren einige, die offensichtlich den gleichen Weg liefen, so manchen sollten wir noch näher kennenlernen). Interessant waren die wirklich komplett unterschiedlichen Menschen, das brachte uns ins Staunen.

Ein paar Wanderer entschieden sich für einen Aufstieg auf die Wand, die einen wohl zauberhaften Blick auf den aufgehenden Blutmond ermöglichte. Er war nur von der anderen Seite zu sehen. Wir waren zu müde und zu erledigt und pfiffen auf einen weiteren einstündigen Aufstieg - Blutmond hin oder her. Ich fiel in einen traumlosen Endlosschlaf.

Übrigens, seit diesem Tag hat Luis mit meinem Bruder eine Rechnung offen. Er möchte mit ihm auf das Brauneck in zwei Stunden laufen. Bis heute drückt sich mein Bruder erfolgreich.

TAG 2 – TUTZINGER HÜTTE – VORDERRIß

28.07.2018

Angegebene Zeit: 7 Std. 15, tatsächliche Zeit: 10,5 Std.

Früh am Morgen machten wir uns ohne Frühstück auf den Weg nach Vorderriß, unser heutiges Etappenziel. Wir waren unter den ersten, die losliefen, da wir aufgrund des vorhergesagten Gewitters etwas unruhig waren. Nach dem ersten Aufstieg ließen wir uns auf einer Weggabelung nieder und frühstückten erst einmal. Ein bisschen ärgerte ich mich schon, dass ich nicht am Vorabend bis zur Benediktenwand gelaufen war, denn an uns kamen einige Übernachtungsgäste der Biwakschachtel dort oben vorbei. Sie sprachen von einer traumhaften Sicht und waren sichtlich glücklich über das Erlebte. Die Existenz dieser Biwakschachtel hatte ich tatsächlich vergessen. Wenigstens waren wir ausgeschlafen, munter und sauber.

Es ging durch einen wunderschönen Wald hinab ins Tal in die Jachenau. Wir kamen zum richtigen Zeitpunkt auf dem Waldweg bergab an einem kleinen Marienkäfer vorbei, um ihn auf eine rettende Pflanze zu setzen. Dafür musste Zeit sein.

Immer wieder öffnete sich der Blick auf das Karwendelgebirge, dass wir am folgenden Tag erreichen sollten. Es schien noch so unendlich weit weg zu sein. Der Weg führte uns entlang des Baches an kleinen Wasserfällen und Gumpen vorbei. Es war brütend heiß und es war verführerisch, einfach in das wunderschöne klare Bergwasser zu springen und zu baden. Wir beschränkten uns auf diverse kühlende Fußbäder, wobei es uns schon hier wunderte, dass es beim Eintauchen der Füße nicht zischte und qualmte. Ich hatte immer das vorhergesagte Gewitter im Hinterkopf – meine größte Angst in den Bergen. Aber es war wunderschön und still. Ich kann mich nicht erinnern, wie lang der steile Abstieg dauerte. Aber irgendwann begegneten wir Tagesausflüglern und Familien und gingen davon aus, dass es nun nicht mehr weit sein konnte. Auf einer Bank in der Nähe eines weiteren Wasserfalls beantworteten wir die Frage einer Dame nicht ohne Stolz, dass unser eigentliches Ziel Venedig sei.

Der Weg in die Jachenau zog sich. Endlich angekommen war unser Ziel der kleine Supermarkt in der Dorfmitte. Lustig war es, dass wir nicht wie angenommen, die größte Lust auf Eis oder Süßes hatten. Das Objekt der Begierde war frisches und saftiges Obst, sowie natürlich kalte Getränke. Kaum hatten wir diese in unserem Besitz (inkl. Eis natürlich doch) und hatten uns auf der vor dem Geschäft aufgestellten Bank erleichtert niedergelassen, schloss das Dorflädchen und fast zeitgleich entluden sich die mittlerweile dunklen Wolken über uns und da war es – unser erstes Gewitter.

Es kam mir fast so vor, als hätte sich der Dorfladen mit den Wolken verabredet – keine Chance zur Flucht ins Trockene. Zum Glück konnten wir uns wenigstens unter dem Riesenschirm des Lädchens unterstellen. Dafür schmeckte auch der Pfirsich nicht – ätsch. Erst danach sahen wir unweit ein kleines Café auf der Ecke, in das wir uns gemütlich hätten kuscheln können. Na prima, Jachenau mochte uns scheinbar nicht so sehr. Wir konnten dennoch nicht widerstehen, besuchten es trotzdem und gönnten uns herrlichen selbstgebackenen Pflaumenkuchen und eine zivilisierte Toilette.

Extrem erfrischt und aufgemuntert gingen wir am frühen Nachmittag weiter. Wir fragten nach dem Weg, da wir keine Wegweiser fanden und liefen in die grob gewiesene Richtung. Wir nutzten die ruhige Minute und riefen Opa in Düsseldorf an, der heute seinen 84. Geburtstag feierte. Während wir liegen, unterbrach sich Luis mitten im eigenen Satz und rief ganz laut: „Ich sehe das erste Venedigschild!" Wir konnten es nicht glauben, bogen in die angezeigte Richtung ab und waren wieder motiviert.

Durch Felder und Wiesen suchten wir unseren Weg in Richtung Vorderriß, in dem festen Glauben, dass wir nur noch über den einen Berg laufen müssten und schon wären wir da. Wir wurden eines Besseren belehrt. Schon kurz hinter Jachenau verliefen wir uns satt.

Die Entschädigung für die Extrakilometer war jedoch, dass wir auf einer Kuhweide zwei frisch geborene Zwillingskälbchen entdeckten. Es war herrlich, sie beobachten zu können. Wir versuchten den Bauer ausfindig zu machen, es schien nicht so, dass jemand die Geburt mitbekommen hatte. Wir fanden zunächst niemanden. Warum meint man als Städter eigentlich, dass die Bauern ihre Tiere nicht im Griff haben? Wir klingelten an einem Haus, um nach dem Weg zu fragen. Lustigerweise war das gleichzeitig der „Kuhbesitzer", der uns etwas schroff den Weg erklärte und gleichzeitig mitteilte, dass er die Kälbchen sehr wohl bemerkt habe. Na dann, glücklich schien er nicht zu sein.

Auf dem Weg fütterten wir noch ein schnell ein Kaninchen, dass auf einem Quadratmeter eingezäunt auf einer endlos großen grünen Wiese hausen musste – das verstehe, wer will. Wir fühlten uns, als hätten wir soeben die Welt ein bisschen besser gemacht – und liefen weiter gen Venedig.

Vermeintlicher Endspurt: Den Berg rauf, pustend und prustend, vorbei an Almen und Bächen, über Wald und Feld, eine weitere Steigung nehmend, über ein Matschfeld, wegsuchend vorbei an einer den Sommertag genießende Sennerfamilie. Wir fragten noch schnell, ob wir ihrer Meinung nach Vorderriß noch vor dem neuen herannahenden Gewitter erreichen würden. Ihre recht trockene Meinung dazu: „Ihr seht schnell aus, das schafft ihr." Soviel zur sportlichen Einschätzung... Leonies Knie schmerzte, es blutete wieder leicht und sie humpelte tapfer weiter. Die Schultern schmerzten vom Rucksack, Leonie hatte schon leicht aufgeriebene Schlüsselbeinknochen. Mir kamen Bedenken, sie tat mir so leid.

Während wir so dahineilten, das herannahende Gewitter im Nacken, tat sich vor uns plötzlich ein traumhafter, unglaublich schöner Blick auf das gesamte Rißtal auf.

Unfassbar schön, riesig, im Hintergrund das Karwendelgebirge, sowie sämtliche andere unzählbare Bergketten, die noch auf uns warteten. Wir waren schon einmal in Vorderriß mit dem Auto gewesen und ich erinnerte mich an die Fahrt. Wie oberflächlich das doch mit einem Mal wirkte, jetzt, wo wir uns das Ziel so hart erarbeitet hatten. Wie intensiv das Laufen doch ist und vor allem wie einprägend so eine Etappe und die Landschaft wirkt im Vergleich zur motorisierten Durchfahrt und dem Bestaunen der Umgebung durch das Autofenster. Keine Gerüche, keine Geräusche, keine Temperatur, keine Interaktionen, kein Durst, kein

Hunger, kein Schweiß, keine Schmerzen. Wie langweilig!!!

Das Hotel lag uns quasi zu Füßen, uns trennten noch ziemlich viele Höhenmeter und der sehr steile Abstieg ins Tal. In engen Serpentinen auf engem Weg ging es abwärts. Leonie hielt sich mit ihrem Knie tapfer und irgendwann erreichten wir die Straße, überquerten die Isar und traten in das schon von König Ludwig II. besuchten Hotel zur Post ein. Es war früher Abend und wir hatten Glück, dass wir auf die letzte Minute noch Essen bestellen konnten. Unvorstellbar, eine halbe Stunde später wäre die Küche geschlossen gewesen. Schon allein wegen der Kinder wollte ich diesen Gedanken gar nicht zu Ende denken.

Es war ein Traum, sich unter Bäumen im Rauschen der Isar niederlassen zu können, literweise Saftschorlen zu trinken und dann todmüde im Lager ins Bett fallen zu können. Herrlich, wie man doch bei diesen Tagesanstrengungen inmitten von Fremden einfach hemmungslos schlafen kann und kein Geräusch der Welt einen wecken kann.

TAG 3 – VORDERRIß – KARWENDELHAUS

29.07.2018

Angegebene Zeit: 7 Std., tatsächliche Zeit: 9 Std. 30

Heute stand schon die erste der beiden Grenzüberschreitung an, also die der örtlichen. Die der kräftemäßigen lasse ich einmal außen vor. Wir standen früh auf. Mir schwante, dass das nächste Mal Ausschlafen in ferner Zukunft lag. Ich fürchtete gleichzeitig um den Erholungseffekt aufgrund dessen und dachte mir, dass das ja gar nicht sein könnte. Das war der Bergrookie in mir, der da sprach.

Der Blick über das großartige Frühstücksbüffet entschädigte uns für die Uhrzeit. Was für ein unschlagbarer Luxus, morgens an einen mit den leckersten Sachen gedeckten Tisch zu kommen, sich nur setzen zu müssen, das Wort „Kaffee, gerne." zu sagen, um dann nur noch zu genießen.

Auf unserer Karte war die heutige Strecke endlos lang. Der Zeitpunkt der Ankunft schien so weit weg. Wir befragten die Wirtin noch kurz nach dem Wetter und erhielten die sehr qualifizierte Antwort, dass es in Südtirol gegen Abend Gewitter geben solle. Okay, das war gut zu wissen, nur leider waren wir dort erst in ca. zwei Wochen. Auf die Frage zur Streckendauer erhielten wir den weisen Kommentar, dass sie so viel arbeiten müsse und nicht wegkäme, daher hätte sie keine Ahnung, wie lang der Weg sei. Ah ja, danke sehr.

Die erste Gemeinschaftsdebatte stand an. Der erste Teil der Etappe zum Karwendelhaus geht entlang der Straße ins Rißtal hinein bis nach Hinterriß. Man kann mit dem öffentlichen Bus den Weg nach Hinterriß abkürzen und erst dort loslaufen. Der Fußweg beträgt ca. 2 Stunden. Wir entschieden uns mit einer 2:1 Mehrheit für den Fußweg.

Ich wollte unbedingt die deutsch-österreichische Grenze zu Fuß überschreiten, es war mir einfach wichtig. So liefen wir kurz vor Abfahrt des Busses in Vorderriß los. Der Weg war definitiv nicht schön, als aber dann das Schild „Staatsgrenze" und „Grenzbrücke" auftauchte, waren wir so aufgeregt, dass das keine Rolle mehr spielte. Wir fanden es unglaublich, schon zu Fuß die erste Grenze erreicht zu haben, obwohl das eigentlich, gemessen an unserem Gesamtvorhaben, gar nicht so weit war.

Frustrierend war aber genau der Moment, an dem wir schweißgebadet entlang der Straße liefen und der Bus kurz stoppte und uns fragte, ob wir mitfahren wollten. Sehr lustig, ja, natürlich wollten wir, aber dann auch wieder nicht. Es war gut, dass er schnell weiterfuhr, bevor wir es uns anders überlegen konnten. Die anderen Wanderer winkten uns fröhlich aus der Klimaanlage zu.

Ein kleines Detail hatte ich ebenfalls unterschätzt. Wir liefen mit einem Pärchen, dass in der Bundeswehr diente. Sie hatten nach 10 Metern den einheitlichen Marschschritt, an dem wir sie nach einigen Tagen schon aus der Ferne erkannten. Dabei mitzuhalten war nicht so leicht und versuchten den Schein zu wahren, dass es uns ja gar nichts ausmachte.

In Hinterriß legten wir die dringend benötigte Pause im Schatten und mit viel Wasser ein, bevor es dann bergauf in Richtung Karwendelhaus ging. Als ich dann einmal statt zur Toilette in die Hocke ging, merkte ich, wie schlimm es um meine Knie stand. Ich kam kaum hoch. Ich hoffte einfach, dass es am nächsten Morgen weg war. Wie musste sich wohl Leonie erst fühlten.

Der nächste Gebirgszug stand an. Entlang einer Mountainbikestrecke ., die von Scharnitz nach Hinterriß führt, ging es in etwa eine Stunde bergauf in Richtung Kleiner Ahornboden. Dort befindet sich auch das Hermann-von-Barth-Denkmal, bekannt als Erschließer des Karwendelgebirges. Wir fanden es nicht ungefährlich, da uns die Radfahrer schon in recht unerbittlichem Tempo entgegenkamen. Ich beneidete sie endlos um den Fahrtwind.

Die Sonne stach unerbittlich. Eine Rast am schattigen Rande der Strecke in einem ausgedienten Jägerstand ließ unsere Shirts kurzfristig trocknen. Der Wasservorrat nahm sehr schnell ab. Die zwei Hamburger Bundewehr'ler, mit denen wir bis Hinterriß gelaufen waren und mit denen wir auch noch viele Kilometer zusammen wandern würden, kamen ebenfalls keuchend an uns vorbei, sahen uns aber nicht. Wir waren bergauf an Ihnen vorbeigelaufen, da funktionierte der Marschschritt nur sehr schwer. Wir riefen ein lautes „Haalloooooo" aus dem Hintergrund und lachten uns schlapp über die erschrockenen Gesichter. Ich kam mir sehr verwegen vor.

Nach zwei Stunden Anstieg kam er endlich in Sichtweite – der Kleine Ahornboden. Wir nahmen nicht etwas zuerst das Denkmal wahr, nein, es war uns sogar ausgesprochen egal. Es war ausschließlich der Brunnen, in den kaltes frisches Bergwasser lief, der unseren Blick einfing.

Ich fragte die Sennerin nach der noch etwas schüchternen Art der Städter in einem unbekannten Terrain, ob wir auffüllen dürften. Sie bejahte und schien über die Frage fast den Kopf zu schütteln. Ich kann mich nicht erinnern, jemals so gierig auf kaltes Wasser gewesen zu sein.

Nicht schmeckte es nur außerordentlich gut, es war das beste Wasser der Welt. Als niemand hinzusehen schien, hielten wir noch unseren Kopf darunter und kühlten von gefühlten 45 auf 37 Grad in zwei Sekunden herunter. Herrlich, was gibt es Schöneres??? Dazu noch glückliche Kühe und ein Mann, der ganz sicher der Bruder vom Alm-Öhi bei Heidi war, der wohlwollend nickte und sagte: „Das ist das allerbeste Wasser im Karwendel." Wir glaubten es ihm sofort.

Weiter ging es, das zweite Zwischenziel war erreicht. Die nächste Station war das Karwendelhaus, der Endpunkt der heutigen Etappe. Es ging durch einen wunderschönen, nicht allzu dichten Nadelwald auf schmalem Wege weiter bergauf. Auf dem Weg kam uns so manche Kuh entgegen.

Leonie gab uns den Rat, genau den Weg der Kühe zu gehen, da diese immer die einfachste Route nehmen. Ob es stimmt, weiß ich bis heute nicht, aber der Weg der Kühe war definitiv gut! Oben lichtete sich der Weg und es tat sich ein unfassbarer Blick auf das Karwendel- und Wettersteingebirge auf. Mittlerweile verloren wir Leonie im Wald hinter uns. Ihr Knie schmerzte und ihre Schultern waren aufgerieben. Ich hatte ihr am Morgen so gut es ging einen Verband an den entsprechenden Stellen gemacht. Aber ich wusste, dass es ihr nicht gut ging. So machten wir ab und zu noch ein kleines Päuschen, es konnte nicht mehr so weit sein. Aufgrund der erklommenen Höhe wurde auch die Temperatur mittlerweile etwas erträglicher.

Wir kannten das Gebiet auf der anderen Seite, waren wir doch oft dort von Mittenwald aus auf so manche Hütte mit den Kindern aufgestiegen. Ich erinnere mich noch an die Tankstelle in Scharnitz, an der wir Halt gemacht hatten und an die erfolglose Suche nach einem netten Restaurant dort. Diese Zeit war so lange her, so viel war mittlerweile passiert und alles in meinem Leben hatte sich verändert. Nur die Berge standen noch genauso dort und werden es auch in Hunderten von Jahren noch tun. Da wird man demütig und still und sieht sich selbst als das kleine Licht, das man im Großen und Ganzen des Universums ist.

Der großartige Moment des Tages, als wir die Flagge des DAV vor uns auftauchen sahen und hineinstolperten, war kaum zu beschreiben. Eine anspruchsvolle Etappe in unbeschreiblicher Hitze lag in Anbetracht unseres erst dritten Wandertages hinter uns.

Direkt an der Hütte stand ein schwarz gekennzeichneter Wegweiser, der in Richtung unmittelbar hinter der Hütte beginnendem Steilhang zeigte. Ich erinnere mich nicht mehr, ob ich es nicht realisieren wollte oder ob ich es einfach nicht glaubte. Aber das war tatsächlich der Startpunkt für den folgenden Tag. Es war ganz gut für meinen Schlaf, dass das an mir in diesem Moment an mir vorbeiging.

Das Lager war ein gemütliches 6-Bett-Zimmer und wir freuten uns auf die Dusche. Es dauerte etwas, bis ich verstand, dass ich Duschmarken kaufen musste, gültig für zwei Minuten heißes Wasser. In der Tutzinger Hütte und im Gasthof Zur Post war dieses kein Thema gewesen. Also, schnell noch Duschmarken gekauft und in die Schlange zur Dusche eingereiht. Ich hatte ebenfalls als eingefleischter Städter keine Ahnung, dass das warme Wasser endlich sein könnte. Nach uns hatte noch genau eine Person heißes Wasser und das war es dann. Alle anderen Nachzügler hatten das Los des kalten Wassers, das nach einem solchen Tag normalerweise nicht weiter schlimm gewesen wäre. Aber: ich meine RICHTIG kaltes Wasser, also kaltes kaltes Wasser, nicht kaltes Wasser, Bergwasser. Himmel, was war ich dankbar, dass dieser Kelch an uns vorüber gegangen war.

Satt und sauber war es nun mein Ziel, die nächsten Hütten zu reservieren. Wir hatten mitbekommen, dass es eng werden könnte. Also startete ich die Mission „Empfang finden." Dazu sei erwähnt, dass eine Besonderheit des Karwendelhauses nicht nur der atemberaubende Ausblick von der Terrasse mit unglaublichem Sonnenuntergang ist. Nein, es ist tatsächlich der im Durchmesser ca. 50 cm große Kreis, der auf den Boden vor der Hütte gezeichnet ist. Dort stand das Zauberwort „Handyempfang".
Man musste tatsächlich genau in diesem Kreis stehen, damit der Empfang gewährleistet war, ja wirklich. Es hörte sich wie ein Scherz an, als die Hüttenwirtin mir das erklärte, war es aber nicht. Wenn ich es richtig verstanden habe, warf die auf dem Dach angebrachte Antenne den Empfang auf eben genau diese Stelle, nicht weiter rechts, nicht weiter links. Es hat tatsächlich funktioniert.

Der sehr nette Hüttenwirt informierte uns beziehungsweise die Kinder, ich war ja in meinem Handykreis und konnte mich nicht bewegen, noch über die Wettervorhersage für den kommenden Tag. Laut seiner Aussage sollten es am Folgetag bis zu 22 Grad werden, beste Sicht, also Badewetter, um ihn zu zitieren. Er riet aber allen, die die Birrkarspitze auf dem Plan hatten, sich früh auf den Weg zu machen, die Etappe war sehr lang angesetzt. Es sollte die Königsetappe unseres Weges werden.

Aber auch heute fielen wir zunächst in einen traumlosen Tiefschlaf. Damit wollten wir uns erst am kommenden Morgen beschäftigen.

TAG 4 – KARWENDELHAUS – HALLERANGER ALM

30.07.2018

Angegebene Zeit: 8 Std. 30, tatsächliche Zeit: 12 Std.

Am Morgen standen wir recht unbefangen auf. Mir war klar, dass wir heute den Schlauchkarsattel überwinden würden, eine der Schlüsselstellen des Traumpfades. Die Mitwanderin aus Hamburg teilte uns ganz unverblümt mit, dass diejenigen, die die anstehende Etappe schafften, auch bis Venedig kämen. Wie schwierig und lange es dauern würde, wurde mit aber zum Glück erst später klar.

Ich hatte in den ersten Tagen der Wanderung keinen so großen Appetit bis abends. Das erstaunte mich, ließ meinen Körper aber gewähren. Eine Mountainbikerin auf der Hütte forcierte es angesichts der ihr bekannten langen Tagesetappe, dass ich von ihrem Frühstück ein Brot mitnahm. Ich selbst hatte mein Frühstück auf einen Kaffee beschränkt, ohne etwas zu vermissen.

Also, alles verlief wie auch an den vergangenen Tagen: Aufstehen, frühstücken, die an diesem Morgen höllisch schmerzenden Knie einreiben, Schultern polstern, Blasen verarzten und zupflastern, Schuhe schnüren, Sonnencreme auftragen, bezahlen, Rucksack auf und los.

Und es kam natürlich genau so: Hinter der Hütte ab auf die schwarze Wegmarkierung und steil hoch entlang eines seilversicherten Weges in engen Serpentinen hinauf. Die Hütte lag direkt unter uns, wir konnten sie fast senkrecht unter uns liegen sehen. Nicht darüber nachdenken, einfach weiterlaufen, sagte ich mir immer wieder. Oben angekommen eröffnete sich ein unfassbar beeindruckender Blick über das gesamte Karwendelgebirge - und noch weiter. Das ganze bei blauem Himmel und strahlendem Sonnenschein. Was waren wir für Glückspilze.

Wir waren froh, „schon" um 8 Uhr losgegangen zu sein. Uns war noch nicht bewusst, dass das eigentlich bei den Temperaturen und der Streckenlänge recht spät war, wir waren ja noch am Beginn unserer Erfahrungswerte und sehr stolz auf unser Zeitmanagement. Schließlich waren wir im Urlaub! Uns war aus heutiger Sicht nicht klar, was wir da eigentlich gerade machten.

So waren wir glücklich, im Schatten den vor uns liegenden recht stetig ansteigenden Weg durch das Geröll zu beschreiten. Das hatte ein jähes Ende, als die letzte im Schatten liegende Strecke hinter uns lag und vor uns der Weg wie ein Bindfaden sichtbar oberhalb im Geröll verschwand, ohne dass wir das Schlauchkar auch nur sehen konnten. Die Steigung schien endlos. In der Ferne sahen wir oberhalb bunte Punkte auf dem Bindfaden, der Beweis durch die Frühaufsteher, dass auch wir dort noch hergehen würden. Unbewusst und unrealistisch hoffte ich, dass diese Menschen ein anderes Ziel hatten. Wir überholen einen Vater mit seiner sechsjährigen Tochter, die sich auf den Weg auf die Spitze gemacht hatten. Ein Trailrunner kam uns um diese Uhrzeit schon von oben fröhlich entgegen, wahrscheinlich sein Warm-up Programm für den Tag. Ich bemerkte in die Runde, dass wir diesen sportlichen Typen besser vorbeilassen sollten, er rief nur lachend zurück: „Alle auf diesem Weg hier sind sportlich". Warum weiß ich nicht, aber irgendwie zählte ich mich nicht dazu, mir schwante Übles.

Weiter, immer weiter, durch das Geröll, den roten Markierungen hinterher. Gehirn ausschalten, rechts, klack, links, klack, immer im Takt mit den Stöcken. Pausen machten wir, um zu trinken, mein Hungergefühl war eindeutig tot. Wir kamen durch ein paar Altschneefelder, Ende Juli – unglaublich. Faszinierend.

 Die Kinder kamen mit ihrem vorsichtigen Gang gut durch. Unter mir lag der Steilhang, das wusste ich. Ich steckte meinen Stock in den Schnee und trat vorsichtig in die vorhandenen Fußstapfen. Es war scheinbar nicht vorsichtig genug, mein Fuß rutschte weg – und ich gleich mit. Mein Herz setzte aus, im Reflex konnte ich mich abfangen. Diesen Moment werde ich so schnell nicht vergessen.

Noch die letzten Meter Steilhang und da war es, das Schlauchkar. Die bunten Punkte waren mittlerweile zu lebensgroßen Personen geworden, es gab ein großes

Hallo. Die Wasserflaschen wurden hervorgeholt, Fotos gemacht, manche stiegen weiter auf die Birrkarspitze, die nicht weit war. Wir sparten uns diese Höhenmeter, obwohl gerade Luis diesen Gipfel gerne auf seiner Liste gehabt hätte. Nicht einmal er war mittlerweile noch ausreichend mit Energie geladen.

Der Blick war beeindruckend. Wir konnten von hier aus zurück auf die Strecke der ersten Tage sehen, bis zur Benediktenwand. Es war unfassbar, was wir schon geschafft hatten und wie weit uns unsere Füße schon getragen hatten. Nach vorne gerichtet schaltete ich die Weitsicht aus. Dort waren so viele Bergspitzen, es schien noch immer ein ungeheures Vorhaben. Generell dachte ich nicht im großen Ganzen. Ich dachte von Tag zu Tag, das passierte nicht bewusst. Ein Schritt nach dem nächsten, alles andere ergab sich. Nur daran dachte ich.

Zurück zum Schlauchkar. Während wir dort saßen und eine Hütte sichteten, die in Luftlinie vor uns lag, allerdings noch sehr klein, redeten wir uns ein, dass es genau diese Hütte sei, zur der wir gehen mussten. Der Einwand eines Mitwanderers, dass die Halleranger Alm, unser Tagesziel, um den Berg herum und außer Sichtweite lag, schenkten wir keine weitere Beachtung. Wir wollten glauben, dass dort vorne „unsere" Hütte lag, denn diese war an sich schon sehr weit weg...

Wir packten unsere Wasserflaschen wieder ein, mein reichhaltiges Müsliriegelfrühstück um 12h war gegessen und sahen nach unten. Nach unten, richtig. Denn dort unter uns verlief der Abstieg. Es ging senkrecht und seilversichert wieder hinab. Das war nicht weiter schlimm. Durch den trockenen Sommer jedoch bot der sandige Weg keinen Halt, nur einzeln hervorstehende Geröllbrocken gaben dem Fuß Standfestigkeit. Sehr, sehr langsam und mit unendlicher Vorsicht tapsten wir bei mittlerweile erbarmungsloser Hitze auf 2620 m Höhe voran.

Wir seilten uns im Schneckentempo rückwärts fast senkrecht hinab. Teile des Seils waren herausgerissen oder hingen lose herunter, es war wirklich Vorsicht geboten, aber es machte auch großen Spaß, zu sehen, wie gut es ging, wenn man ein wenig dem Seil vertraute.

Leonie klettert oft Indoor, daher hatte ich volles Vertrauen, dass sie das problemlos meistern würde. Diese Stelle war definitiv eine Herausforderung, wir hatten nicht mit einer Rutschpartie gerechnet.

Eine Wanderin mit Höhenangst hatte große Probleme und war kurz davor, aufzugeben, so schien es. Doch an dieser Stelle war das unmöglich. Also redeten wir sie hinunter, zusammen mit ihrem Mann. Sie waren auf Hochzeitreise. Ich würde sagen: Das Ziel war nicht weise gewählt.

Endlich hatten wir es geschafft, der Steilhang war überwunden. Erleichtert, dass es nun wohl leichter würde, gingen wir den in Serpentinen gekennzeichneten Weg weiter hinab.

Der Haken: Es war loses Geröll, in das wir gehen mussten, sozusagen vom Regen in die Traufe: sandiger Steilhang wurde zu losem Geröll. Luis und ich merkten, dass es im Moonwalk sehr lustig war, den Weg zu gehen und so ging es für uns recht zügig hinab. Das vermied eine Rutschpartie und wir machten schnell ein paar Meter. Hinter jeder Kurve erhofften wir das Ende des Gerölls und hinter jeder Kurve wurden wir enttäuscht - stundenlang und endlos. Das Wasser neigte sich langsam dem Ende zu, die Sonne brannte weiter. Ich kann nur schätzen, dass es mit Sicherheit um die 30 Grad waren. Unsere Hoffnung lag auf einem Bach, den wir kreuzen sollten. Als wir ihn erreichten, freuten wir uns unbändig über die kurze Abkühlung. Die Latschen rechts und links des Wegs ließen die Temperaturen wie auf dem Grill plötzlich ansteigen. Da hatten wir bisher hinter jeder Kurve gedacht, dass es doch nun in den Wald ginge und wurden wieder und wieder enttäuscht.

Dann das Schlimme: vor uns lag eine für heute letzte seilversicherte Passage. Wir kramten unsere letzten Kraftreserven zusammen und nahmen diese Hürde in Angriff. Prompt fehlte in der Mitte ein Steigeisen. Unter normalen Umständen wäre diese kurze Passage kein Problem gewesen. Aber nach den bisherigen Anstrengungen des Tages waren wir wenig begeistert.

Weiterlaufen, einfach weiterlaufen, sagte ich mir. Ich schüttete mir in Abständen zwecks kurzfristiger Abkühlung ein wenig des aufgefüllten Wassers über den Kopf, bis der heiß ersehnte Waldabstieg vor uns lag und wir erleichtert bergab auf Waldpfaden und somit im Schatten laufen konnten. Ein Himmelreich für Waldpfade hatte ich den gesamten Tag gedacht. Unsere Schuhe hatten ihre Farbe von braun auf hellgrau geändert, wir hatten unzählige Liter Wasser getrunken. Der Schweiß lief am Rücken hinab, an der Stirn hinunter, aber trotzdem oder vielleicht gerade deshalb - es war großartig!

Im Tal angekommen liefen wir entlang des Baches bis zur Kastenalm. Vor uns lag in ca. 50 m Entfernung ein Haus, was noch nicht die Alm war, das Wegschild belehrte uns eines Besseren. Wir mussten um das Haus herum, sie war noch ca. 10 Minuten entfernt. Nach ungefähr 10 Stunden Gehzeit erschien uns das schlicht unerreichbar weit weg, ich möchte wirklich fast behaupten, dass unsere Kraftreserven für den Tag aufgebraucht waren.

Da lag sie – die Kastenalm – unser Zwischenziel. Wie im Paradies auf einer Kuhweide, ein Brunnen plätscherte. Schnell das Gatter geöffnet, ich konnte gar nicht schnell genug zum Brunnen gelangen und wir hielten erst einmal unsere Köpfe unter das kühle Wasser. Das Schild, das Wasser doch nicht zu verschmutzen, da die Kühe auch Durst haben, sah ich leider erst, als ich wieder auftauchte.

Ich tauchte mein Tuch ein und band es mir erleichtert wieder um den Kopf.

Das Paradies hatte noch mehr in petto: Ein Senner wie aus dem Bilderbuch stand in der Tür, langer Bart, es muss ein Bruder des Alm-Öhis von Heidi oder dessen am Kleinen Ahornboden gewesen sein. Er war umgeben von scheinbar für ihn unsichtbaren Fliegen, stand hinter einem aufgebauten Tisch, an dem er selbstgebackenen Kuchen und kalte Getränke verkaufte. Toiletten waren ebenfalls vorhanden, in meinen Augen für mich überflüssig. Ich hatte sowieso alles ausgeschwitzt. Nachdem wir erfrischt, abgekühlt und satt waren und unsere Flüssigkeitsreserven aufgefüllt hatten, entdeckten wir auf der kleinen und genialen Speisekarte noch das kulinarische Highlight der gesamten Wanderung: SELBSTGEMACHTEN SPECK! In Erinnerung an die Erzählungen meines Vaters von genau dieser Art von Speck in Kriegszeiten während der Kinderlandverschickung in Österreich, mussten wir uns diesen gönnen. So etwas Köstliches habe ich selten gegessen. Seine Frau brachte mehrere dicke Scheiben mit köstlichem Brot!! Im Himmel muss es so ähnlich schmecken.

Wir saßen lange dort und es fiel uns schwer, aufzustehen. Zu schön war diese Ruhe und diese Pause. Aber wir hatten unser Tagesziel noch nicht erreicht. Fast 1,5 Stunden später rafften wir uns auf und fragten uns, wo unsere Mitwanderer wohl blieben. Das Paar mit der Höhenangst trafen wir am Gatter, das Hamburger Paar war noch nicht in Sichtweite. Sie waren aber ein großartiges Team und wir waren sicher, dass sie zu späterer Stunde noch eintrudeln würden. Wir traten den Endspurt an, denn ging es noch weitere 500 Höhenmeter zur Halleranger Alm. Es war eine Qual, jeder Schritt schmerzte und hinter jeder Kurve erhofften wir unser Ziel. Wir schafften es kurz vor

Sonnenuntergang. Es war ein Familienzimmer vorreserviert, das genau drei Betten hatte. Diese waren mit Bettwäsche mit dem weltbesten Duft bezogen, den ich noch heute in der Nase habe. Vielleicht lag es an dem strengen Eigengeruch, aber ich war mir auch später noch ganz sicher, dass ich noch nie in einem besser duftenden Bett gelegen hatte.

Die Küche bot uns trotz später Uhrzeit alles Überlebenswichtige. Nach langen Sommertagen schließen die meisten Hüttenwirte ihre Küche zwischen 19-20 Uhr, was ich auch sehr gut verstehen kann.

Luis bekam eine großartige Riesenportion Hirschbolognese, die ein bestens gelaunter Hüttenwirt servierte. Er war mit seinem Humor bestechend. Das ganze Ambiente wurde von der Terrassenaussicht abgerundet. Ich kam mir vor, wie in einem kitschigen Heimatfilm, denn wir genossen einen Sonnenuntergang, der nicht von dieser Welt war. Es war die Stille auf ca. 1750 Metern Höhe, der Blick auf den Großen und Kleinen Lafatscher und die Fernsicht auf das gesamte Karwendelgebirge, an dessen Endpunkt die Sonne mit unglaublicher Dramatik langsam unterging. Der perfekte Abschluss eines anstrengenden und wundervollen Tages.

Wir überlegten, ob hier ein Pausentag angemessen sei, verwarfen aber den Gedanken in dem Moment, als wir uns fragten, was wir dann den ganzen Tag machen würden. Die Antwort darauf war „Wandern natürlich" und da war es klar, dass wir weiterlaufen würden. Schade um den zauberhaften Duft. Noch heute träume ich davon. Aber neue Abenteuer und viele Berge erwarteten uns noch.

Es beschlich mich das Gefühl, dass wir nach diesem Tag jede, wirklich jede, Herausforderung meistern könnten und zum ersten Mal merkte ich, dass ich Venedig wirklich erreichen wollte. Das Gefühl des „es wäre schön, wenn es klappt, aber wenn nicht, ist es ja nicht schlimm" war einem „ich will das packen, was kann uns nun noch schocken" gewichen. Und ein wenig Glückseligkeit, die ich so lange nicht mehr gespürt hatte, überkam mich beim Blick auf diesen sich in den schönsten Farben präsentierenden Abendhimmel.

TAG 5 – HALLERANGER ALM – WATTENS

31.07.2018

Angegebene Zeit: 4 Std., tatsächliche Zeit: 6 Std.

An diesem Tag ging es von der Halleranger Alm nach Wattens. Eigentlich war mein Ziel die Glungezer Hütte, um am Folgetag bis zur Lizumer Hütte zu gelangen. Von einer Bekannten, die diesen Weg vor uns gelaufen war, wusste ich, dass es dort besonders schön sein sollte. Schon recht früh am Tag nahm ich aber von dem Vorhaben Abstand. Der Vortag saß uns ordentlich in den Knochen und wir mussten niemandem etwas beweisen. Also nahmen wir uns ausschließlich als Ziel Hall vor.

Am frühen Morgen und nach herzzerreißendem Abschied von der immer noch traumhaft duftenden Bettwäsche machten wir uns auf den Weg. Wir besuchten die unweit der Alm liegende Isarquelle, um unsere Flaschen mit dem bestmöglichen Wasser zu füllen. Es war schon berührend, die Isar an ihrer Quelle zu sehen –kaum zu glauben, dass hier der Ursprung für Floßfahrten und Grillabende in München liegt. Wenn man darüber nachdenkt, ist das eigentlich sehr traurig, aber auch schön, einen so reinen Anfang zu sehen.

Wir hatten mit einer Art Spaziergang für den heutigen Tag gerechnet, das entpuppte sich jedoch als falsch.

Bestens gerüstet machten wir uns in das nächste Geröllfeld auf, was uns über das Lafatscherjoch führen sollte. Noch hatten wir die Hoffnung, eventuell doch eine horizontal führende Wegstrecke zu finden nicht ganz aufgegeben. Es ging in der Kühle des Morgens im Schatten steil hinauf – und war anstrengender als gedacht. Im Joch angekommen trieb uns ein nach Venedig weisendes Schild mit neuer Energie weiter. Von hier aus ging es für heute nur noch steil hinab, bis nach Hall. Wir hatten das Karwendelgebirge tatsächlich überschritten und konnten es kaum glauben!

Steil hinab durch Geröll erblickten wir die erste Gams. Sie graste friedlich auf einer Anhöhe, ihr schien die Hitze nicht viel auszumachen. Das grazile Tier störte sich keine Sekunde an uns, den Eindringlingen in ihrem Territorium, ihrer Wildbahn.

Nach einer Weile mussten wir uns entscheiden. Wir wählten den schöneren Weg durch schmale Wege am Waldrand entlang und in den Wald hinein. Unterwegs begegnete uns eine Wanderin mit ihrem Hund, die unter einem Strauch am Wegesrand pausierte und den Schatten genoss. Eigentlich fehlte nur noch der Strohhalm im Mund. An ihren Rucksack war ein Helm gebunden. Auf unsere Nachfrage, warum sie den wohl dabei habe, antwortete sie, dass auf dem Weg nach Hall eine Baustelle sei und sie daher sicherheitshalber ihren Helm mitgenommen habe. Wir mussten schmunzeln – na ja, safety first.

Es ging an einem wunderschönen Biergarten vorbei, der leider geschlossen war, die Sonnenschirme waren aber aufgespannt und die Blumentöpfe standen noch auf dem Tisch. Wir läuteten eine kleine Rast ein. Als wir so unsere kleinen und bescheidenen Snacks auspackten (Thema Gewicht...), fiel unser Blick auf einen Kühlschrank mit der Aufschrift „Kassa" und dem Hinweis, dass jedes Getränk 2-3€ koste, je nach finanzieller Situation. Die leeren Flaschen waren in einer ordentlichen Reihe auf dem Fenstersims abgestellt. Wie schön, dass es ein solches Vertrauen noch gibt, welch charmante Beschreibung und welch Entgegenkommen für die nicht ganz so betuchten Wanderer. Schön, dass der Profit nicht immer und bei allen an erster Stelle steht.

So gingen wir wieder in den Wald hinein und folgten den Schildern. An einer Wegkreuzung waren wir nicht sicher, bogen links ab und folgten dem zunächst wunderschönen Weg, der sich durch den schattigen Wald in leichten Kurven hinabschlängelte. Als er jedoch arg eng und steil wurde und zuletzt vollkommen unter dem Laub und zwischen Bäumen verschwand, sah ich mich den Diskussionen mit Luis ausgesetzt. Er hatte das einschlagende Argument, dass dieser Weg definitiv nicht richtig aussah, das tat er wirklich nicht. Ich war aber unter keinen Umständen bereit, die steile Strecke wieder zurück zu gehen. Er schloss die Unterhaltung mit dem trockenen und sehr ironischen Kommentar „Sie befinden sich auf dem direkten Wanderweg nach Venedig." und grummelte ein Stückchen vor sich hin.

Als dann der Irrweg vor einem Bach endete und wir diesen schlicht und einfach nur noch durchqueren mussten, um auf die Straße zu gelangen, triumphierte ich. Ich war stolz auf die willkommene Abkürzung, denn ich war wild entschlossen, sie als solche zu betrachten.

Die Straße führte auf direktem Wege steil hinab nach Hall, entlang des Baches und vorbei an vielen Steilwänden. Als die angekündigte Sperrung der Strasse vor uns auftauchte, zweifelten wir kurz, ob diese der Anfang oder das Ende davon sein könnte (wir waren ja irgendwo aus dem Wald aufgetaucht). Ein plötzlich aus dem Nichts auftauchender Arbeiter teilte uns jedoch mit, dass wir, wenn wir nicht so langsam seien, es locker noch vor den Sprengarbeiten schaffen würden. Sehr beruhigend. Also, nichts wie weiter die durchaus steile

Straße hinab, die schmerzenden Knie ignorierend, im strammen Tempo nach Hall.

Lustigerweise holten wir hier das Ehepaar vom Schlauchkar ein. Da fiel der Rest des Weges ein bisschen leichter, denn so vertreiben wir uns ein bisschen die Zeit, um uns etwas kennenzulernen.

Als endlich die ersten Häuser von Hall auftauchten, waren wir sehr erleichtert. Das Laufen auf Asphalt bei starkem Gefälle hatte meine Knie und Gelenke sehr beansprucht, die Tour des Vortages hatte die Schmerzen nicht gemildert.

Wir verabschiedeten uns, sie fuhren mit dem Bus nach Innsbruck, und liefen in Richtung Zentrum. Der Schweiß lief uns überall hinunter, die Temperaturen waren im Gebirge perfekt, im Tal jedoch unerträglich.

Da schickte uns der Himmel plötzlich einen Engel. Ein älterer Mann hielt neben uns und fragte uns, ob er uns mitnehmen dürfe. Wir warfen den Einwand in den Raum: „Wir duften nicht gerade nach Veilchen.", aber er lachte nur und sagte: „Dass es da oben keine Dusche gibt, ist mir bewusst. Rein mit Euch. Wir müssen doch zusammenhalten." Er brachte uns bis ins Zentrum von Hall, erklärte uns noch den Weg ins Tourismusbüro (wir benötigten noch ein Zimmer) und winkte uns lachend zu, als er davonfuhr. Herrlich, denn wir wären sicherlich noch mindestens 45 Minuten auf Asphalt in praller Sonne unterwegs gewesen.

So suchten wir das Tourismusbüro, fielen über den Wasserspender dort her, ließen uns eines der scheinbar nur noch wenig verfügbaren sowie bezahlbaren Zimmer in Wattens vermitteln und bekamen die Busverbindung dorthin. Wunderbar, so war alles in einem Paket!

Das gab uns noch Zeit, wunderbare Flipflops in Leopardendesign und rosa Blümchen aus garantiert schadstoffreichem Gummi in einem Discounter für die Hütten zu ergattern. Die Kinder und auch ich hatten das Hüttenleben so erwartet, dass man nur auf Socken laufen könnte. Ich hatte es nicht besser gewusst, mich aber aus Gewichtsgründen und mit dem Gedanken an das Duschen von vornherein für Flipflops entschieden.

Wir mussten schwer lachen und hingen sie dekorativ an den Rucksack. Weiter ging es mit den lebenswichtigen Besorgungen wie Pferdesalbe, Blasenpflaster, Sonnencreme und Müsliriegel. Zum Glück lag alles nahe beieinander, mir schmerzten alle Knochen und Muskeln.

Als hätte ich es zusätzlich so geplant befand sich direkt neben der Drogerie eine Eisdiele. Die Kinder fragten mich tatsächlich bescheiden und bei brütender Hitze, wie viele Kugeln Eis sie essen dürften. Ich hätte ihnen am liebsten die gesamte Eisdiele gekauft! Es war eines der besten Eissorten, die wir je gegessen hatten – an der Bushaltestelle im Schatten. Besser geht es (fast) nicht.

Was war das doch für ein seltsames Gefühl, wieder in der Zivilisation zu sein, auch wenn wir bis hierhin erst fünf Tage gelaufen waren. Es erschien uns wesentlich länger und die vielen Menschen wirkten sehr unangenehm auf uns. Wir waren froh, als wir aus dem Bus aussteigen konnten, das Hotel fanden und in ein KLIMATISIERTES Zimmer kamen, ohne zeitbeschränkte Dusche, mit Balkon und mit wiederum frisch bezogenen Betten, die aber nicht an den Duft des Vortages herankamen.

Die motivierende SMS meines Bruders machte uns bewusst, wie weit wir schon weit gekommen waren: „Ihr seid die Besten – schon in Wattens – Hochachtung!" Überraschend hatte er unseren Weg verfolgt.

Das Duschen zögerte sich recht lange hinaus, es bezog die Reinigung der Wäsche mit ein und somit fiel der geplante Schwimmbadbesuch aus. Das war nicht weiter schlimm, denn erstens hätten wir dorthin laufen müssen und wir hatten genug vom Laufen für heute und der Hunger drängte uns auf die Straße und auf direktem

Weg zur nächsten Pizzeria. Unerwartet saßen dort schon unsere Hamburger Freunde aus Vorderriß und vertilgten locker eine Familienpizza.

Wie immer war es früh, als wir in einen wunderschönen Schlaf im Hotel fielen. Ich sprach die Kinder nach maximal 15 Sekunden an, weil ich noch etwas wissen wollte. Ich erntete tiefes Schweigen, sie waren schon im Traumland. Der TableDance im Erdgeschoß störte nicht im Geringsten.

TAG 6 – WATTENS – LIZUMER HÜTTE
01.08.2018

Angegebene Zeit: keine, tatsächliche Zeit: 2 Std.30

Die Vielzahl an Möglichkeiten, zur Lizumer Hütte war verwirrend. Die Entscheidung wurde uns letztendlich vereinfacht.

Wir trafen am Morgen unsere mittlerweile liebgewonnen Hamburger an der Straßenecke vor unserem Hotel. Sie hatten Blasenprobleme (an den Füßen) und hatten sich entschieden, mit dem Wandertaxi zur Hütte zu fahren und somit einen Pausentag einzulegen. Es fuhr dort an der Ecke ab.

Dazu waren wir nicht bereit und sahen auch nicht die Notwendigkeit. Dennoch lockte uns der vor uns liegende Fahrweg in der Hitze auch nicht. Also fuhren wir kurzentschlossen bis zum Lager Walchen (Militärgebiet) mit, um den schöneren Teil zu wandern. Wir sparten uns somit zwei Stunden Wanderzeit auf einer Teerstraße in der erbarmungslosen Hitze und hatten dennoch nicht das Gefühl, zu pfuschen.

Es war eine rasante Fahrt entlang steiler Abhänge zur rechten und mit knappem Ausweichen entgegenkommender Busse und Autos und ich war ziemlich froh, als wir aussteigen durften. Gleichzeitig war es ein mulmiges Gefühl, zwar eine wunderschöne Waldstrecke durch einen Zirbenwald zu gehen, aber eben durch militärisches Gebiet. Wir kreuzten Skiwege und Militärunterkünfte, eine seltsame Mischung. Unser ewiges Ratespiel, welche der in Sichtweite liegenden Hütten die Lizumer sein könnte, nahm seinen Lauf. Zwischen „Oh nein, ich hoffe, das ist sie nicht, da müssen wir ja nochmal runter und wieder hoch" und „Das muss sie sein", nur weil sie in bequemer Höhe und Distanz lag, schwankten wir hin und her.

Am Ende war es keine der vermuteten Gebäude. Die sehr moderne und renovierte Lizumer Hütte liegt wunderschön an einem See, umrahmt von der Geierspitze und der Lizumer Sonnenspitze. Durch unsere Abkürzung waren wir recht früh am Ziel, bei dem schönen Wetter war das aber wunderschön.

Draußen saßen schon Mitwanderer, die hier einen Pausentag eingelegt hatten. Die Zimmer waren noch nicht fertig und Leonie ging gut gelaunt hinein, um sich umzusehen, kam aber nach wenigen Sekunden wieder heraus und sagte: „Ich habe direkt einen Anpfiff kassiert, weil ich mit Schuhen hineingegangen bin." Ok, das ist vielleicht wirklich nicht die feine englische Art, aber jemanden deshalb anpfeifen.... Wir sollten noch mehr der „guten" Laune der Hüttenwirtin erleben.

Am See war ein weiteres Hinweisschild nach Venedig. Jedes einzelne hiervon motivierte uns so dermaßen, dass der Wandertag gar kein Problem mehr war. Wir machten wunderschöne Bilder vor traumhafter Kulisse und warteten auf unsere Zimmer. Ich war froh, dass wir das Taxi genommen hatten, meine Knie schmerzten mittlerweile doch höllisch.

Beim Einchecken in der Hütte stellten wir fest, dass die Hüttensprache scheinbar Englisch war. Die Hüttenwirtin war sehr darauf bedacht, dass wir die Halbpension mit miesem Essensangebot zu teuren Preisen buchten. Ich verneinte, für so viel Geld konnten wir niemals essen! In ihrem Gesicht war nur wenig Begeisterung zu sehen. Widerwillig ließ sie unsere Entscheidung so stehen. Überhaupt fühlten wir uns finanziell sehr gemolken in dieser Hütte. Sie ist per Auto gut erreichbar, es besteht also kein wirklicher Grund (falls das überhaupt einer ist) für die vollkommen überzogenen Preise. Auch der DAV-Ausweis bzw. Personalausweis wurde das erste und einzige Mal in den Bergen einkassiert, um eine Bezahlung sicherzustellen. Seltsam.

Wir boykottierten die wirklich unüblichen Umgangsweisen und Preise und versorgten uns bei der unterhalb der Hütte liegenden Käserei. Der war nicht nur hausgemacht und wahnsinnig lecker, sondern diente uns als Abendessen und Frühstück. Tütensuppen sind nicht unser Ding. Wir waren sehr froh, als wir am folgenden Morgen ganz früh das Weite suchen konnten. Schade, denn die Hütte ist wirklich wunderschön und liegt in traumhafter Landschaft. Aber für eine Pause wäre eine andere Hütte sicherlich netter gewesen.

TAG 7 – LIZUMER HÜTTE – TUXER-JOCH-HAUS

02.08.2018

Angegebene Zeit: 6 Std. 30, tatsächliche Zeit: 7 Std.

Da wir uns entschlossen hatten, auch das Frühstück zu boykottieren, machten wir uns sehr früh morgens um kurz nach sechs schon auf den Weg. Wir waren so froh, dass wir diese Hütte verlassen konnten. Es dämmerte, blaue Stunde in den Bergen und das Wetter war etwas schlechter vorhergesagt.

Entlang des Baches ging der Weg zunächst sanft über die Lizumer Böden, dann steil durch das Geröll hinauf in Richtung Pluderlingsattel. Die Sicht war sehr eingeschränkt, die Wolken hingen tief. Wir mussten einen Fels so groß wie ein LKW umlaufen, da rief Luis plötzlich: „Eine Gams!" Und tatsächlich, sie lugte neugierig hinter dem Felsen hervor, dann nahm sie ihre Beine in die Hand und erklomm das Geröll schnell – wir wurden etwas neidisch. Wir beobachteten sie, wie sie elegant am Geröllfelsen entlanglief, ihre Herde traf und sie zusammen weitertrabten, bis sie den von uns aus letzten sichtbaren Vorsprung betrat und, wie im Bilderbuch, stolz auf dem Felsen thronte und noch einmal zu uns blickte. Es war zauberhaft anzusehen. Wir vergaßen die Zeit in diesem magischen Moment.

Unsere Strecke führte weiter in die Wolke hinein. Irgendwann waren unsere Shorts und T-Shirts zum ersten Mal nicht mehr genug und wir warfen uns die zweite Schicht an. Wir bekamen zum ersten Mal zu spüren, was es heißt, im Nebel zu wandern. Wir mussten den Weg sorgsam suchen, zu schnell nimmt man die falsche Richtung und bevor man sich versieht, verirrt man sich. Ich war froh, dass wir mit unseren Hamburger Wanderpartnern (man konnte sie wohl schon so nennen) zusammen unterwegs waren. Wir passierten das Geier-Joch.

Die Sicht war gleich Null, der Wind pfiff und uns war kalt. Wir „tasteten" uns von Wegpunkt zu Wegpunkt, die grandiose Aussicht zurück blieb uns verwehrt. Vielleicht war das auch gut so, denn auch bei diesem, trotz des unwirtlichen Wetters, schweißtreibenden Aufstieg nahm die Steigung kein Ende. Kaum dachten wir, wir seien oben angekommen, ging es noch immer weiter, bis hoch zum Geschützspitzsattel auf knapp 2800 Metern. Wir konnten nichts sehen, waren aber heilfroh, den höchsten Punkt des heutigen Tages erreicht zu haben. Zu diesem Zeitpunkt hatten wir noch immer fast nichts gegessen und waren schon 2,5 Stunden unterwegs. Wir begegneten fast keinem Menschen.

Als wir an eine enge Stelle kamen, an der jeweils nur eine Person über einen winzig kleinen Weg hinabsteigen konnte, war ich erneut froh, nicht die komplette Sicht nach unten zu haben. Ich konnte nur erahnen, wie steil der Berg darunter hinabfiel. Trotzdem ließ es sich ein plötzlich von hinten auftauchender Wanderer nicht nehmen, uns mit der Bemerkung zu bedrängen: „Kann ich mal vorbei...??" Der Stimmton verriet die komplette Arroganz einer sich überschätzenden Person. Wir schüttelten nur den Kopf.

Als wir uns durch diesen Engpass und einen steilen Abstieg vorgearbeitet hatten, tat sich vor uns unter den Wolken eine traumhaft schöne Sicht über grüne Berge und Wiesen auf – aber leider auch über den vor uns liegenden Weg auf. Wir beschlossen, eine Pause zu machen, um endlich etwas zu essen. Es war mittlerweile 12 Uhr mittags. Der Käse vom Vortag stand einem Wagyu-Steak in nichts nach – mit wunderbarer Sicht nach Osten. Was uns immer wieder faszinierte war der Blick zurück. Wir staunten erneut über die Distanz, die wir nicht nur, soweit sichtbar, in der gesamten Zeit zurückgelegt hatten. Nein, auch der Blick auf den an dem jeweiligen Tag gegangenen Weg erschien uns unwirklich. Mir kam es fast so vor, als sei die Erfindung des Autos unnütz, es war verrückt, wie schnell man zu Fuß war. Nicht ohne Stolz waren besonders die Momente ein Zauber, in denen der Weg sich wie ein graues Band durch das Grün der Wiesen zog oder man ihn an der etwas helleren Farbe im Geröll kilometerweit erkennen konnte. So faszinierte uns genau dieses Band auch in diesem Moment wieder. Wie Luis zu sagen pflegte: „Wie weit wir schon wieder gelaufen sind...".

Der nächste Anstieg wartete und so machten wir uns nach einer Weile gestärkt auf in Richtung Tuxer-Joch-Haus. Es gab noch mehrere sehr schmale Passagen mit abfallender Seite, aber nichts mehr, was uns beunruhigte. Der Blick zurück bestätigte mein Gefühl: Es war äußerst steil und nicht ungefährlich. Gut, dass ich das in den Wolken nicht so sehr gemerkt habe. Auch heute half der Gedanke: klack-Schritt – klack-Schritt. Alles andere ergibt sich. Es wurden sieben Stunden.

Bergab in Richtung Weitental und somit zum Endspurt wurden wir lebendiger. Das Ende der Tagesetappe, die sicherlich zu den anspruchsvolleren gehörte, näherte sich. Im Tal, das allerdings immer noch auf ca. 2000m liegt, machten wir eine weitere Pause am Wasserfall und tauchten unsere kochenden Füße in das kalte Bergwasser. Nur schade, dass auch alle anderen diesen

Punkt zur Pause erkoren hatten, so dass Tagesausflügler zum Tuxer-Joch-Haus und Fernwanderer hier zusammentrafen und der Zauber der einsamen Berge und der Abgeschiedenheit in den Wolken schnell verflog. Trotzdem konnten wir uns erfrischen, bevor es zum Endspurt auf die Hütte ging.

Der breite Weg führte direkt in großen Schwüngen hinauf. Ich fiel zurück, mir reichte es für heute. Leonie und Luis schritten extrem motiviert und zügig voran und zogen mich mit. Unsere Hamburger Freunde, mit denen wir einen Großteil des heutigen Weges gegangen waren, liefen entschlossen über die nächste Kuhweide, die sie als Abkürzung deklariert hatten. Ich wollte einfach nur ankommen, ich hatte keine Lust mehr. Ich hätte mich gerne auf eine der Bänke gesetzt und mich abholen lassen. Aber das half ja leider nicht, ich ging unmutig weiter. Befremdlich und gleichzeitig amüsant fand ich die Tagesausflügler, die sich trotz der herannahenden dunklen Wolken in leichten Freizeitsachen auf den Weg von der Hütte weg machten und sich in keinster Weise um das Wetter zu scheren schienen. Irgendwie begann ich an diesem Tag, die Menschen zu bemitleiden, die in einem einwöchigen Wanderurlaub unterwegs waren oder nur sogar für das Wochenende und das Gefühl der Freiheit nicht kannten (zumindest nahm ich das für mich einfach mal an), über Wochen einfach selbstbestimmt Kilometer um Kilometer in den Bergen zu gehen. Ohne Zwang, ohne Druck. Der Gedanke munterte mich auf.

Endlich, die Zielgerade!! Das Tuxer-Joch-Haus tauchte auf ca. 2300 Metern vor uns auf!! Endlich!! Lustig – die Wanderstöcke hingen wir an die Haken für die Skistöcke, die Schuhe wurden in einem eigens dafür vorgesehenen Container verstaut. Leonie opferte sich und brachte unsere Schuhe weg – ich bin sehr dankbar, dass mir diese Geruchsprobe entgangen ist.

Das Übliche stand an – Lager finden, Klamotten suchen, für die Dusche in die Schlange einreihen. Die war hier besonders lang, denn es gab genau eine Dusche für die gesamte Hütte... dementsprechend sah sie auch nach 75% der Duscher aus – aber was einen zu Hause gestört hätte war hier egal. Hauptsache, es gab ein wenig warmes Wasser. Unter eiskaltem Bergwasser am Wasserhahn wusch ich wie jeden Abend meine verschwitzten Sachen aus, bis meine Finger die Kälte nicht mehr aushielten und hing sie draußen auf der Leine zu den anderen. Es sah aus wie in der alten Werbung für den „weißen Riesen". Die Wäsche flatterte vor grandioser Bergkulisse im Wind.

Es war seltsam, aber nach dem Wandertag gab es viele Anwesende, die noch spazieren ginge oder sich in der Umgebung der Hütte etwas umsahen, quasi als Auslaufen. Alle - außer mir... Ich war so froh, dort im Wintergarten reglos vor meiner Apfelschorle zu sitzen.

Die dunklen Wolken wurden noch dunkler und plötzlich fing es furchtbar an zu schütten. Es erstaunte mich, dass die meisten wie von der Tarantel gestochen zur

Wäscheleine flitzten und ihre Wäsche abhingen. Innerlich musste ich schmunzeln. Auch Luis und Leonie sahen mich fragend an und aufgrund Mangel an Reaktion standen sie auf und holten ihre Sachen hinein. Es dauerte nicht lange und es flatterte noch genau ein Hemd, ein Paar Socken und ein Unterhemd im Regen. Luis lachte und fragte nach dem Grund meiner Trägheit und ich wunderte mich: „Die Sachen sind doch eh schon nass." antwortete ich nur. Antwort: "So typisch." Erst als der Regen nachließ, holte ich dann auch meine Klamotten. Und trocken waren sie am nächsten Morgen allemal – ohne Panik.

TAG 8 – TUXER-JOCH-HAUS - DOMINIKUSHÜTTE

03.08.2018

Angegebene Zeit: keine wegen Umweg, tatsächliche Zeit: 7 Std., mit Busfahrt

Die Friesenbergscharte. Seit Beginn der Tourenplanung hatte ich Respekt und, zugegebenermaßen, auch ein wenig Angst vor dieser Scharte. Sie ist neben dem Schlauchkar und der Schiara eine der Schlüsselstellen dieser Tour. Die seilversicherte Tour hat auch eine kurze ausgesetzte Passage, zumal es sich in der engen Stelle auch durch den Andrang stauen kann.

Im Flur des Tuxer-Joch-Hauses hängt eine Beschreibung neben Bildern. Ich sah sie mir gründlich zum 10. Mal an und kam zu dem Schluss, dass es machbar sei. Obwohl hervorragendes Wetter vorhergesagt war, hingen die Wolken tief über dem Hintertuxer Gletscher und der Scharte. Es sollte aufklaren, daher gingen wir nach unserer mittlerweile Blasenpflasteraufklebeprozedur, Knieeinschmierprozedur und Sonnencremeeinreibemoment zeitig los. Wir starteten zusammen mit unseren Hamburger Freunden, denn keiner von uns wollte die Scharte allein in seiner Gruppe begehen.

Also los, den Berg hinab mit traumhaftem Blick auf das Tuxer Skigebiet. Ich gebe zu, obwohl ich leidenschaftlicher Skifahrer bin, hatte ich schönere Anblicke in den Bergen gesehen und zum ersten Mal stellte ich das Skifahren in Frage. Wer bitte muss im Sommer aus Skiern stehen? Was für eine skurrile Idee?! Den Gletscher habe ich selbst schon befahren, allerdings im Winter, aber bei diesem Anblick kam mir das fast wie eine Sünde vor. Der Berg war so verunstaltet und sämtliche Schönheit und sicherlich auch der gewaltige Eindruck, den ein Gletscher machen könnte und den auch dieser einmal gemacht hat, war verschwunden. Er sah traurig aus.

An diesem Tag aber, während wir fröhlich plaudernd hinabliefen, eine Kuh um ihr Lebensumfeld, allerdings nicht um ihre Glocke, beneideten, hüpfte plötzlich unser erstes Murmeltier über den Weg. Es war ähnlich erstaunt wie wir, denn es hielt inne und starrte uns genauso an, wie wir es ansahen. Es hätte leicht in seinen Bau rennen können und wäre alle Sorgen los gewesen, aber nein – es entschied sich dafür, uns einen kleinen verzauberten Moment der Stille zu bescheren. Danke.

Wir sahen zurück und die Hütte der vergangenen Nacht wunderschön oben auf dem Berg liegen. Und wieder staunten wir, wie viel der Strecke wir schon wieder zu Fuß zurückgelegt hatten.

Zunächst war es wirklich schön, überall hörten wir das Pfeifen der Murmeltiere. Doch dann führte ein Fahrweg unter dem Skilift hinauf bis zum Spannagelhaus. Wir machten eine kleine Pause. denn es war anstrengend, sonst nichts. Hier gabelte sich der Weg, links führte er in Richtung Friesenbergscharte, geradeaus ging es zur

Bergstation des Liftes auf dem Gletscher und somit dannwieder hinab - die Umgehung der Scharte.

Die Wolken hatten sich nach kurzem Aufklaren wieder verdichtet und man sah die Scharte nicht einmal aus der Ferne. Ein Altschneefeld wollte durchquert werden, es war ziemlich kalt und wir zögerten. Meine Bedenken waren mittlerweile weder die Temperatur noch die Sicht, ich dachte, dass das im Fels klappen würde. Mein Problem war die Feuchtigkeit, die dort oben herrschen musste und ich hatte Angst vor dem Ausrutschen bei falschem Ehrgeiz.

Mittlerweile waren immer mehr Traumpfadwanderer an der Hütte angelangt und sammelten sich dort zwecks Lagebesprechung. Ein lustiger Geselle kam uns von der Friesenbergscharte entgegen. Er hatte eine Deutschlandflagge um den Rucksack befestigt, auf dem „VCE-MUC 2018" geschrieben war. Es machte beim Laufen den Eindruck, als sei Superman unterwegs. Er war tatsächlich ein Eile, denn er wollte schon innerhalb der folgenden paar Tage in München auf dem Marienplatz einlaufen. Auch wenn wir über solche Speedwanderer den Kopf schüttelten, so warfen wir dennoch seine Aussage, dass er froh sei, die Scharte nicht von dieser Seite aus begehen zu müssen, in die Waagschale.

Leonie und unsere Hamburger Mitwanderin machten sich auf den kurzen Weg zur Bergstation des Gletscherjets, der Endstation der Seilbahn zum

Sommerskigebiet und erkundigten sich nach dem Wetter der kommenden zwei Stunden. Auf der dortigen Webcam war für oben nur eine graue Suppe erkennbar, die Temperatur betrug zwei Grad.

Das ausschlaggebende Argument kam dann von einem der Höhlenführer der Spannagelhöhle. Wie immer waren die Ortskundigen sehr vorsichtig mit ihrer Meinung. Die Dame teilte uns mit, dass sie, die sich dort oben auskenne, ausschließlich sagen könne, dass sie bei diesem Wetter definitiv nicht über die Scharte gehen würde, man könne sich zu leicht verlaufen oder rutschen.

So weh es tat, wir drei entschieden uns endgültig für den Abstieg. Mir war es zu gefährlich, obwohl ich mich tatsächlich auf die Herausforderung gefreut hatte. Leonie hingegen war sehr erleichtert, da sie von Anfang an der Überschreitung ängstlich entgegengesehen hatte. Bei dem Wetter beschlich sie als Klettererfahrenste von uns Dreien ein mulmiges Gefühl.

Luis und ich waren schon traurig, denn für manche Dinge hat man nur einmal die Gelegenheit - aber Sicherheit ging vor. Somit wanderten wir zur Bergstation, kauften uns eine überteuerte Trostschokoladentafel, die wir dann in der Gondel talwärts in einer rekordverdächtigen Zeit vertilgten. Das Gute: Wir fuhren wieder der Wärme entgegen.

Eigentlich war ich froh, den Gletscher zu verlassen. Dieses Sommerskigebiet hinterließ den Eindruck eines vergewaltigten Berges und lässt mich das Wintervergnügen überdenken. Eine abgedeckte Bergseite, dazwischen eingepackte Skifahrer gemischt mit Wanderern in Shorts, braune, verschmierte Pisten, es war ein entsetzlich trauriger Anblick.

Es war skurril, inmitten der sommerlichen Stimmung, unserer Kleidung, unserer Ausrüstung zwischen Skiverleih, Tageskartenverkauf und Skidepots zu laufen. So warteten wir an der Talstation auf den Bus, genossen die Wärme und freuten uns auf ein großes Eis in Mayrhofen, das wir dann auch wirklich genossen haben. Der Aufenthalt dauerte lange genug, um unsere Essensvorräte aufzufüllen und war kurz genug, um inmitten der Menschenmengen nicht unwirsch zu werden. Es war beeindruckend, wie schnell man sich die Mitmenschen abgewöhnen kann und sich hundertprozentig auf die Macht der Natur einlassen kann. Ich persönlich bevorzuge definitiv die Stille, weit weg von allen homo sapiens-Figuren.

Die Bustour durch das Tal hinauf zum Schlegeisspeicher war wunderschön. Unter den Tagestouristen und Kaffeefahrtenteilnehmern fühlten wir uns wie Helden.

Ich hatte mich sehr darüber geärgert, dass die Olperer Hütte, auf der wir nach Überquerung der Scharte eigentlich übernachten wollten, ausgebucht war, denn sie ist besonders schön. Wir mussten auf die am Speicher gelegene Dominikushütte ausweichen. Unsere „Hamburger" waren an der Olperer eingebucht, organisierten aber um, als wir an der Dominikushütte ankamen. So sparten sie sich den unnötigen Aufstieg. Ein Traum von Hütte lag vor uns. Postkartenidylle. Es war nur ein kurzer Weg von der Bushaltestelle, aber es war eine andere Welt.

Die fröhliche Hüttenwirtin aus Holland, eine ungewöhnliche Mischung, begrüßte uns und zeigte uns das Zimmer. Ja, richtig gelesen, das ZIMMER! MIT WASCHBECKEN! Und BALKON! Und KARIERTER

BETTWÄSCHE! Es war unglaublich, der Blick von dem Balkon fiel über den gesamten Schlegeisspeicher mit seinem tieftürkisenen Wasser vor dem Hochfeiler und den letzten Eisfeldern sowie die ihn umrandenden Berge. Es war unfassbar, ich hatte selten einen so wunderschönen Blick und konnte mich nicht satt sehen.

Das Beste aber hatte mit Natur nichts zu tun und trieb mir dennoch die Tränen in die Augen: Die Hüttenwirtin bat uns beim Einchecken, dass wir doch nach dem Duschen die Wäsche bitte in den dafür vorgesehen Behälter im Flur vor den Duschen werfen sollten, sie wäre dann am folgenden Morgen gefalten auf einem der Tische im Gastraum. Ich traute meinen Ohren nicht. WAS EIN GESCHENK! Als ich dachte, das sei alles, setzte der personifizierte Engel noch etwas darauf: Ich durfte meine drei Duschmarken nicht bezahlen. Sie war der Meinung, dass diese Wanderung für einen Elternteil mit zwei Kindern so teuer sei, dass sie das nicht mit sich vereinbaren könne. Sie ließ mich sprachlos am Tisch sitzen. Ich bekomme heute, nach drei Monaten, noch immer Gänsehaut, wenn ich daran denke. Das sterneverdächtige Essen, die unfassbar nette Hüttenfamilie und Bedienung, der Ausblick, das Zimmer, die plusterige Bettwäsche, bei der wir unseren Hüttenschlafsack nicht benötigten, die nette Ansprache des Wirtes inklusive Tipps und ehrlicher Wettervorhersage, all das ließ diese Hütte bis zu diesem Zeitpunkt zu unserem absoluten Favoriten, zusammen mit der Halleranger Alm werden. Es wurde ein wunderschöner Abend auf der Terrasse. Nach und nach trudelten alle ein und wir tauschten unsere Erlebnisse und Gedanken des Tages bezüglich der Friesenbergscharte aus.

Seltsam, ich kam mir nur körperlich nicht ausgelastet vor. Vier Stunden bergab und bergauf wandern hatten mir an diesem Tag nicht gereicht. Die Kondition schien sich unmerklich zu optimieren. Leider war am Folgetag auch nur eine leichte Wanderung nach Stein vorgesehen, so dass wir mit zwei leichten und unausgelasteten Tagen rechneten.

TAG 9 – DOMINIKUSHÜTTE – STEIN
04.08.2018

Angegebene Zeit: 4 Std. 30, tatsächliche Zeit: 7 Std.

Heute begann unser locker erwarteter Spaziergang über das Pfitscher Joch entspannt etwas später. Meine Knie dankten es mir. Es ließ sich auch einfach an, bequem über die Brücke am Zamser Gatterl, am Kiosk vorbei, wo kurz vorher ein charmanter Wegweiser nach Richtung Italien zeigt. Am Kiosk konnten wir den zwar vollkommen überteuerten, aber dennoch frischen Äpfeln nicht widerstehen. Lustig, wie sich die Prioritäten sogar bei den Kindern verschieben. Selten hat ein Apfel so gut geschmeckt.

Der Weg führte den Bach entlang, vorbei an zauberhaften Wasserfällen, in denen Familien im Wasser plantschten und in der Retrospektive frage ich mich, warum wir dieses bei der Hitze nicht auch taten. Es war das einzig Vernünftige an solchen Tagen.

Wir liefen auf riesigen Steinplatten, ich frage mich bis heute, woher und wie diese dorthin kamen. Ein Highlight war definitiv ein überlebensgroßer runder Fels, der aussah wie ein aufgeblasener Kieselstein, auf dem in übergroßen, riesigen roten Lettern das Zauberwort unserer Reise stand: „V E N E D I G", mit Pfeil in unsere Richtung. Was für ein Gefühl das war! Jedes einzelne dieser Schilder motivierte uns, weiterzumachen. Inzwischen gingen wir davon aus, dass uns eigentlich von unserem Ziel nichts außer einer plötzlichen Verletzung abhalten konnte. Wie fühlten uns gut, fröhlich, motiviert und mittlerweile auch trainiert. Dazu dankte uns unser Rücken und unsere Knie das recht leichte Gepäck. Auch Leonies Knieverletzung war mittlerweile recht gut verheilt.

So gingen wir stetig bergauf, kamen an der in unseren Augen recht verkommenen Lavitzalm vorbei und passierten sie, ohne anzuhalten. Der Geruch und die Tierhaltung animierten uns nicht, unsere Zeit dort zu verklüngeln. Schade.

Einige Serpentinen höher ließ Luis sich zu einer kleinen Verschnaufpause nieder. Einfach so, auf den Boden. Ich setzte mich neben ihn und wir genossen den Blick zurück auf den vom Schlegeisspeicher hinaufführenden

Weg. Leonie war so schlau und blieb stehen. Als wir weiterziehen wollten, kam ich dank meiner Knie kaum hoch. Ich biss die Zähne zusammen und stand auf. Luis ächzte und stöhnte, ich reichte ihm gnädig meine Hand und zog ihn hoch, denn es hörte sich fast an, als müssten wir ihn sonst zurücklassen. Es war tatsächlich um einiges anstrengender, als wir gedacht hatten.

Dann aber passierten wir ein weiteres, sehr motivierendes Highlight dieser Alpenquerung. Wir hatten am Pfitscher Joch den Alpenhauptkamm überschritten. Der Grenzstein sowie das ehemalige Grenzhäuschen standen vor uns und unser Fortschritt war mit dem Wort „Italia" plötzlich sichtbar. Dieser

Erfolg hat sich in unsere Köpfe gebrannt. Hinter uns lagen die gesamten österreichischen Alpen, vor uns, noch in der Ferne, die gewaltigen Dolomiten. Die

Siegesgewissheit verschwand aber schnell bei dem Anblick in einer ruhigen Minute zwischen Fotos und Begeisterung.

Aber zunächst galt es nachzusehen, ob die Hütte tatsächlich schon italienisch anders war. Und es war wunderbar: Paninis, Selbstbedienung, Wein zu günstigen Preisen, alles hatte seine italienische Ordnung – wie auf Knopfdruck. Wir machten eine kleine Pause vor der Hütte, stärkten uns für den doch recht steilen Abstieg nach Stein und sogen die Sicht auf. Unvorstellbar, dass dort hinten Bozen, Brixen und auch Meran lagen und der Brenner nicht weit war. Der bisherige Weg kam uns nicht so weit vor, musste es aber sein, der Grenzstein bewies das.

Also – weiter ging es über Kuhwiesen, vorbei an Tagesausflüglern, hinab in einen wunderschönen Wald, auf schmalen Pfaden in Richtung Stein. Es tat gut, im Schatten der Bäume zu gehen und den Geruch der Tannen einzuatmen. Wir hatten in den letzten Tag fast ausschließlich Geröll begangen, das wurde uns jetzt bewusst. Meine Knie machten sich trotz Tape besonders bergab wieder bemerkbar.

Stein ist kein Örtchen, Stein ist auch kein Dorf, Stein ist ein Fleckchen Erde auf der Welt, an das man gelangt und sich fragt, ob das Fleckchen einen Namen hat oder einfach nur da ist. Es besteht aus zwei!! Gasthöfen, von denen ich aber nur den in Betrieb sah, in dem wir übernachten sollten, einem weiteren Haus (ich meine, dass das nur der zugehörige größere Stall war) und einer Kapelle, die so zerfallen war, dass man sich nicht auf Anhieb traut, sie zu betreten. Es erweckte die Angst, dass das Dach einbrechen würde. Obwohl die Decken- und Wandmalereien noch wunderschön waren, waren Altar und Sitzbänke noch erhalten, aber sichtbar außer Betrieb. Es sah traurig-schaurig aus. Schade, dass sich keiner kümmerte.

Einen Wegweiser gab es auch, der nämlich war Graffiti und wies in Rot auf die Pension in 30 Metern auf einer Stallwand. So hatten wir Glück, sie zu finden, wer weiß, wohin wir uns in diesem Fleckchen Erde noch verlaufen hätten.

Die Pension war definitiv alt, sehr, sehr, sehr, sehr alt, aber es war alles vorhanden. Auf dem Weg in unser Zimmer kamen wir an der Küche vorbei, an der die Zeit stehengeblieben zu sein schien, inklusive Hausherrin. Wir bekamen ein großartiges Familienzimmer mit dem immer wieder Freudentrubel verursachenden eigenen Bad mit Dusche – ohne Duschmarke und mit warmem Wasser. Es war ein Genuss, alles in Ruhe komplett aus dem Rucksack zu holen, zu waschen und auch Dinge wegzuwerfen – ja, das gab es tatsächlich. Bei dem bisschen Gepäck gab es noch immer Dinge, die überflüssig wurden – und wenn es nur ein leeres Verpackungspapier war – alles nur Ballast.

Die Mitwanderer trafen nach und nach auf der Veranda ein, zusammen mit ortsansässigen Leuten, von denen ich mich fragte, warum sie ausgerechnet hierher kamen. Vor allem aber auch woher sie kamen...?!

Wir feierten unsere Grenzüberschreitung mit einer Riesenportion der weltbesten Spaghetti Bolognese, tilgten den gesamten zur Verfügung gestellten Parmesan sowie einen Riesenberg Salat – das Beste dabei: Wir nahmen definitiv nicht zu. Ein herrlicher Gedanke.

Das folgende Tabuspiel brach das Eis zwischen den Venedigwanderern, die wir bisher noch nicht so richtig kennengelernt hatten. Es war ein äußerst lustiger Abend, der bei mehr Ablenkung so nie stattgefunden hätte – der Ruhe und dem Fehlen von Handymasten sei Dank!

Meine Hochachtung galt zwei Berlinerinnen, die nach den ganzen Wandertagen noch immer so viel Power hatten, das Dorffest zu besuchen, das zehn Minuten zu Fuß entfernt stattfand – nicht hin und zurück, sondern in eine Richtung, nicht geradeaus, sondern Hügel hoch und hinunter. Für kein Geld der Welt...

TAG 10 – STEIN-PFUNDERS

05.08.2018

Angegebene Zeit: 8 Std., tatsächliche Zeit: 10 Std.

Es ging früh los, die Etappe war recht lang und mit ca. 8 Stunden reiner Gehzeit und 1100 Höhenmetern hinauf angegeben. Unsere Hamburger Kollegen waren recht erstaunt, dass wir so zeitig geschniegelt und geschnürt fertig vor der Tür des Gasthofes Stein standen. Wir benötigten mal ein bisschen Familienzeit und wollten ein paar Stündchen allein gehen.

So zogen wir los – mit dem Wissen, dass man etwas aufpassen musste, um den richtigen Einstieg in den Aufstieg zu bekommen. Wir verpassten diesen natürlich und liefen ein paar zusätzliche Kehren auf dem Fahrweg, damit wir auch bitte schön in jedem Fall auf unsere sportlichen Kosten kamen. Dass wir dabei ein Reh über die Straße laufen sahen, entschädigte uns ein bisschen dafür, dass wir nicht eher in den Wald abgebogen waren.

Am Parkplatz verabschiedeten wir uns für die nächsten unzähligen Stunden des Tages von der Straße und gingen über eine kleine, aber wunderschöne Brücke über den Oberbergbach steil hinauf in Richtung Gliderschartl. Etwas spukig muteten die verfallenen Holzhäuschen der Unterberghütten, der sogenannten Wiener-Neustadt an. Ich hatte das Gefühl, dass mich hinter jedem Winkel Augen verfolgten und war sehr froh, dass der strahlende Sonnenschein alles etwas freundlicher aussehen ließ. Bei Nebel, Regen oder vielleicht sogar in der Dämmerung hätte ich ungerne allein hierher gehen wollen. Man entwickelt beim Laufen eine grandiose Fantasie und viele „Was wäre, wenn…-Gedanken".

Durch die andauernde Steigung befanden wir bald oberhalb der Baumgrenze. Der Weg führte uns entlang des Unterbergbaches immer höher hinauf in Richtung Scharte. Wir sahen vor uns Wanderer und wieder einmal wollten wir es nicht wahrhaben, dass auch wir noch bis dort oben laufen mussten. Wir konnten uns nicht vorstellen, dass das auch für uns galt. Wir durchquerten Wiesen mit glücklichen und bimmelnden Kühen, kleine Wasserläufe. Eine Kuh lugte im Flussbett neugierig zu uns hinüber und fragte sich wahrscheinlich, was unser Problem sei. Wir keuchten wahrscheinlich zu laut. Irgendwann verließ der Weg den Bach und oberhalb von uns sahen wir unsere Hamburger Freunde winken. Etwas konsterniert realisierten wir erst an diesem Punkt, dass wir einen recht großen Umweg gemacht haben mussten. Sie konnten nun wirklich nicht geflogen sein.

Nicht schlimm, so kämpften wir uns nach einer Verschnaufpause, in der wir gemütlich an einem der riesigen Felsen Pause gemacht hatten, gemeinsam zur Scharte hoch. Der Felsen lag auf einem Abhang und es erschien uns, als wäre er vor kurzem von oben hinabgekullert und dort zufällig liegen geblieben. Uns war es recht, und wenn er schon tausende von Jahren dort lag. Von hier aus hatten wir einen atemberaubenden Blick auf den Hochfeiler, den wir von der Dominikushütte nur von der anderen Seite gesehen hatten. Ich konnte mich gar nicht satt sehen, auch durch das Wissen, dass wir in 24 Stunden schon wieder eine Bergkette hinter uns gelassen hatten. Es war sogar mehr, es waren wahrhaftig die Zentralalpen.

Der letzte Anstieg für heute hatte es in sich. Der Weg gab noch einmal richtig Gas und bot an Steigung alles. Oben wurde jeder bejubelt, der ankam, ein schönes Gemeinschaftsgefühl. Nach den vielen Wandertagen kannte man sich nun mittlerweile.

Oben an der Gliderscharte auf 2644 Metern motivierte ein weiterer Wegweiser nach Venedig. So wussten wir wenigstens, warum wir das alles machten. Wenn ich mir die Bilder von dort oben heute ansehe, schwitze ich direkt wieder. Auf der einen Seite der Scharte sahen wir den Hochfeiler und konnten vage erahnen, wo Stein lag, auf der anderen Seite waren die Dolomiten.

Kurze Fotopause auf dem oben angebrachten Venedig-Motivationsschild und eine ausgiebigere Pause stand an. Hinter der Kuppe der Gliderscharte machten wir es uns im Windschatten gemütlich. Einige packten ihren Kocher aus (Kontosparmaßnahme), andere genossen die Aussicht mit einem schlichten Müsliriegel (zu der Fraktion gehörten wir natürlich). Eine kleine Schafherde wohnte hier oben. Wir beäugten uns gegenseitig und fragten uns, was die jeweilige Herde hier wohl machte. Die Schafe schlawinerten um ein Altschneefeld herum, ein Lämmchen erkor sich dieses sogar zum Bett aus. Ich war neidisch auf ihr gechilltes langes Sommerdasein.

Die Wolken in der Ferne wurden dunkler und ich wurde unruhiger. Wie immer kam meine Angst vor Gewitter sofort auf. Wir drei waren die ersten, die sich etwas hektisch wieder auf den Weg machten. Von jetzt an ging es nur noch hinab, von 2644 Metern auf 1155 Meter in Pfunders – Knie ade.

Augen zu und durch war die Devise. Ich war mittlerweile zu der Entscheidung gekommen, dass bergauf zu laufen wesentlich angenehmer war als bergab. Meine Knie gaben mir Recht. Also, Rucksack auf und los in Richtung Grindlberger See.

Luis wollte wissen, ob der See tatsächlich einer der wärmeren der Alpen sein konnte, so sagte es der Wanderführer. Mit verzerrter Mine im Gesicht kehrte er vom Ufer zurück und ich konnte schon aus der Ferne sagen, dass wir selbst in Lappland schon in wärmere Seen getaucht waren als in diesen. Nun denn, also kein Bad im See. Nicht schlimm, denn die Wolken kamen näher. Unser nächstes Zwischenziel war die Obere Engbergalm, der Wanderführer machte sie uns mit dem selbstgemachten Johannisbeersirup schmackhaft.

Es ging zunächst durch Schotter und Geröll hinab und war abenteuerlich. Die Knie fanden die Idee nicht so wundervoll. Die Kinder hüpften hinab, waren weit vor mir, und ich fand es so schön zu sehen, dass sie zusammen Spaß hatten, mich aus der Ferne wegen meiner Geschwindigkeit ärgerten, maßlos über mich amüsierten und eine eigene Einheit vorweg bildeten. Solche Augenblicke genoss ich, dann wusste ich, dass, so unterschiedlich wie sie waren, sie doch etwas verband, auch wenn das im Alltag meist nicht sichtbar wurde. Da wurde eher gegenseitige Ignoranz sorgfältig gepflegt.

Der Weg führte steil im Zickzack nach unten, er wurde vom Geröllweg zum Wiesenweg, die Senke blieb unverändert. Plötzlich kam von unten vor mir der erlösende Ruf „Da ist die Alm!!" – der beliebteste Ruf des Tages. Als ich ankam, saßen die beiden schon auf der Bank. Ein Traum von Alm, es war wie im Bilderbuch. Die Ziegen, Gänse und der Hund sprangen herum, eine junge Familie bewirtschaftete die Alm. Wäsche flatterte draußen unter dem Dach im Wind, der Brunnen plätscherte und ansonsten war dort – nur Stille.

Wir bestellten unseren heiß ersehnten Sirup – heute war es Himbeere, der in Rekordzeit geleert wurde. Ebenfalls angeboten wurde frisch gemachter Ziegenkäse, so nett hergerichtet mit Schüttelbrot. Ich war unruhig, ich hatte diese Angst vor Gewitter so in mir, dass ich die Ruhe nicht fand, weiter zu pausieren. Wir gingen weiter, was ich heute bereue, denn gerade solche Momente machen es bei der Wanderung so besonders. Einfach mal die Beine baumeln lassen und sich treiben lassen.

Wir gingen den restlichen steilen Abstieg durch Wiesen, dann über Fahrwege hinab ins Tal. Wir kamen an der (unbewirtschafteten) Unteren Engbergalm vorbei, an der sich die Ziegen furchtbar vor uns erschraken - vielleicht war es der Geruch? Ich zückte hier meinen Joker – eine Packung Lieblingsnüsse für meine Kinder, die ich schon seit einer Weile mit mir herumtrug und mich fragte, warum sie deren Anwesenheit nicht mehr im Sinne hatten? Es waren die besten Nüsse der Welt in diesem Moment – erstaunlich, wie gut die Dinge schmecken können, die man sonst nur im Notfall isst.

Wenn ich bedenke, wie voll der Schrank und der Kühlschrank zu Hause ist, stelle ich mir die Frage, was man denn im Alltag eigentlich so viel mehr benötigt und wie sehr und wie übertrieben wir alle doch konsumieren.

Der Fahrweg gestaltete sich nicht so schön, er ging am Bach entlang, mal links, mal rechts. Da es aber ein unbeschwertes Laufen war, kamen wir drei auch mal wieder dazu, uns, ohne nach Luft zu japsen, unbeschwert zu unterhalten. Hier war es, das kurze Stück Wegstrecke, das geradeaus führte. Langsam machte uns aber dann die Hitze und der lange Weg zu schaffen. Es war noch immer kein Ende in Sicht.

Wir erreichten die Ortschaft Dun, ein kleiner schnuckeliger Ort am Waldrand gelegen. Ein Schild mit Werbung unserer Unterkunft für die Nacht motivierte uns, es schien an diesem Tag wirklich endlos. Kurz hinter Dun fielen wir supermüde auf eine Bank am Wegrand und tranken einen der vielen Liter Wasser an diesem Tag. Als wir uns umsahen, kamen unsere Mitwanderer und schlossen auf und wir gingen zusammen weiter. Es ging unaufhörlich bergab.

Irgendwann wurden wir erlöst und wir erreichten Pfunders. Als ein sehnsüchtiger Seufzer unserer Hamburger Freunde kam, dass doch bitte die Unterkunft gleich um die Ecke liegen möge, erlaubte ich mir einen Scherz und zeigte auf die letzten zwei Häuser am Berghang über uns. Sie warf mir lachend

Boshaftigkeit vor – und hatte natürlich Recht. Am Ortseingang von Pfunders lag ihr Hotel direkt an der Kreuzung, wir traten verschwitzt und mit sehnsüchtigem Blick nach dem WC-Schild suchend ein. Die beiden ließen erleichtert ihr Gepäck fallen und ließen sich genüsslich ihr Zimmer zeigen. Wir hievten unsere Rucksäcke wieder hoch, riefen ein kurzes „Bis morgen" und machten uns auf die Suche nach unserer Unterkunft, dem Wieserhof.

Ich nenne es Karma, denn dieser war genau eines der beiden Häuser am Hang gelegen. Wir liefen kreuz und quer durch die sehr kleine Ortschaft. Es vergingen die längsten und qualvollsten Minuten des Tages, denn es schien unerreichbar weit weg zu sein. Wir bezogen gefühlte Stunden später unser Zimmer, Schuhe, Socken und alles andere Hochexplosive sowie frisch ausgewaschene Shirts wurden auf den Balkon verfrachtet, die Dusche leergeduscht und letztendlich waren wir fertig für das Abendessen. Wir mussten so lachen, denn die 15 Treppenstufen hinunter zum Essensbereich waren so schmerzhaft in den Waden, dass wir uns nicht vorstellen konnten, am Folgetag weitergehen zu können. Darüber mochten wir aber noch nicht nachdenken. Das Essen war jetzt wichtiger.

So saßen wir bei unbewusst gebuchter Halbpension am Tisch und uns wurde zwischen Fliegen in einer schönen Laube ein Gang nach dem anderen serviert. Es war großartig. Wir trafen auch die ersten Wanderkollegen wieder, die am Folgetag abbrechen und zurück nach München fahren würden. Wir waren ein wenig stolz, dass die Reise für uns Flachlandtiroler weitergehen würde und freuten uns umso mehr auf den für uns gedanklich zweiten Teil der Wanderung – die Dolomiten.

TAG 11 – PFUNDERS – KREUZWIESENALM

06.08.2018

Angegebene Zeit: 6 Std. 30, tatsächliche Zeit: 8 Std.

An diesem Morgen stand eine wichtige Entscheidung an, so fanden wir. Wir hatten uns drei Joker am Anfang unserer Wanderung eingeräumt. Das bedeutete für uns, dass wir drei Mal ein Hilfsmittel nutzen durften, ohne dass es dafür einen besonderen Anlass gab. Nach dem gestrigen Tag spürten wir jede Muskelfaser und es war sehr verführerisch, den Gedanken an einen Bus bis Niedervintl durchzuspielen. Die Gehzeit bis dort war mit ca. 90 Minuten angegeben. Von dort sollte es ca. fünf Stunden steil bergauf bis zur Kreuzwiesenalm gehen, mitten durch den für seine Steigung berüchtigten Rodenecker Wald. Diesen Namen werde ich wohl Zeit meines Lebens nicht mehr vergessen, er hat sich eingebrannt.

Nach wackeligem Gang zum Frühstück entschieden wir uns für die Bustour. Der Gedanke an die Wanderung entlang der Straße bis Niedervintl in der immer stärker werdenden Hitze war nicht sonderlich verführerisch. Außerdem dachten wir uns, dass wir an diesem Tag auch ohne diese Strecke noch ausreichend leisten würden.

Also, nach dem Frühstück ging es in die mittlerweile getrockneten Klamotten und die ausgelüfteten Schuhe und ab zum Bus. Wir waren offensichtlich nicht die einzigen, die diese Entscheidung so getroffen hatten, der Bus war gut mit Wanderern gefüllt. So trafen wir auch unsere Stuttgarter Freunde wieder, die ebenso dachten, wie wir.

In Niedervintl angekommen entschieden wir uns zunächst dafür, ein wenig Ballast nach Hause zu senden. Also verfrachteten wir einen unserer beiden Wanderführer sowie das erste Set an Karten nach Hause. Es war verrückt, wie viele Karten wir schon abgewandert hatten.

Ebenso nutzten wir die Chance, den Proviant für die kommenden Tage aufzufüllen. Ab in den Supermarkt und es ging an das Durchkämmen der Regale nach leichten, aber sättigenden Snacks. Erfolgreich verstauten wir Nüsse, Müsliriegel, Traubenzucker (nutzlos, aber lecker) und Co in unseren Rucksäcken, suchten die nächste Apotheke auf und füllten den Vorrat an Tape und Salbe auf – für den Fall, dass sich die Knieschmerzen noch weiter durchzogen. Der Apotheker sah uns sehnsüchtig an und sagte in einer Mischung aus italienisch und deutsch: „Ihr habt keine Ahnung, wie gerne ich mit Euch kommen würde. Ihr habt es so gut!" und alle drei dachten wir uns: „Ja, das haben wir tatsächlich!" und waren in diesem Moment so glücklich.

Ein paar Ecken weiter kam uns ein Mann entgegen, der uns ein fröhliches „Ciao!!! Grüßt Venedig von mir!" entgegenrief. Es hörte sich sehr ehrlich an und wir versprachen ihm, genau das zu tun. Diese kurzen Momente der Begegnung motivierten uns so wahnsinnig, dass wir uns freudig dem Rodenecker Wald entgegenwarfen. Wir hatten keine Ahnung!

Die letzten Häuser verschwanden hinter uns, die Zivilisation war schon wieder Vergangenheit. Herrlich!! Die Sonne prallte um 9h morgens schon so stark herab, dass wir froh waren, endlich den Wald zu erreichen. Da wussten wir noch nicht, dass wir ihn schon ganz bald verfluchen würden. Steil ging es bergauf, stundenlang!! Es war aber kein wie bisher begangener Weg durch Geröll oder mit Klettern verbunden. Es ging ganz einfach stundenlang durch den Wald über schmale Wege steil hinauf. Nicht einfach nur steil, sondern so steil, dass man Autos vor dem Gefälle gewarnt hätte, so steil, dass man meinte, bei einer falschen Gewichtsverlagerung hintenüber zu fallen, so steil, dass man meinte, so hoch kann gar kein Berg mit Wald bewachsen sein, so steil, dass es im Winter eine tiefschwarze Skipiste gewesen wäre, so steil, dass man meinte, dass die ganze Welt gegen einen gewandt sei.

Mitten im Wald ließen wir uns vollkommen fertig auf den Waldboden fallen. Das Essen war vollkommen egal, Hauptsache, wir konnten trinken. Die Hitze, der Anstieg und die gesamte Anstrengung war trotz schattigem Wald unglaublich. Hinter jeder Kurve hofften wir, die ersehnte Ronerhütte zu entdecken, hinter jeder Ecke wurden wir enttäuscht. 1100 Höhenmeter steil bergauf zu steigen, zehrte wirklich an unserer sich immer verbessernden Kondition.

Irgendwann passierten wir mitten unter Bäumen einen jungen Wanderer, der offensichtlich das gleiche Ziel hatte, wie wir. Indem wir an ihm vorbeigingen, hielt er uns nur seine bereits geöffnete Dose hin und sagte nur ein Wort: „Müsliriegel?" Wir mussten lachen und gingen dankend weiter.

Endlich lichtete sich der Wald, wir waren schon kurz davor, die Hoffnung aufzugeben, da kam die Ronerhütte in Sichtweite. Endlich!!!!! Wir kamen uns vor wie aus einem Paralleluniversum. Hier waren die Tagesausflügler, die Autos standen davor und wir hatten uns über Stunden hier hinaufgequält. Einfacher ging es sicherlich, aber glücklicher als wir, hier oben anzukommen, war ganz sicher niemand - aber auch definitiv nicht fertiger. Ich werde mich nie wieder über irgendeine Steigung beschweren.

Wir legten eine Pause ein, tranken unseren x-ten Liter Wasser an diesem Tag und erschraken zum ersten Mal beim Anblick des Wegweisers: Kreuzwiesenalm 90 Minuten...!!! Der zweite Blick, der zum sich verdüsternden Himmel ging, versprach ebenfalls nichts Gutes. Ich war bisher etwas paranoid gewesen, was Gewitter in den Bergen anging. Aber das hier war nur eine Frage der Zeit. Es grollte und die Wolken verfärbten sich langsam aber sicher schwarz. Die vor uns liegenden Dolomiten mit dem Peitlerkofel, den wir morgen passieren würden, sahen in diesem Moment eher sehr bedrohlich als schön aus.

Wir strichen die Pause auf der Ronerhütte und machten uns direkt weiter auf in Richtung Kreuzwiesenalm. Schade, ein Stück Kuchen hätte unsere Lebensgeister sicher wieder geweckt. Unsere Hamburger Freunde holten auf und kamen kurz nach uns an der Zwischenstation an. Ungläubig starrten sie ebenfalls auf die angekündigten 90 Minuten auf dem Schild. Unser Schock war schon verhallt und wir gingen im Stechschritt weiter in der Hoffnung, dass uns das Wetter noch so lange gnädig sein würde. Nach einiger Gehzeit fragten wir entgegenkommende Ausflügler, die uns ortskundig erschienen, wie lange es noch in etwa bis zur Kreuzwiesenalm sei, denn da wollten wir hin und bekamen auf astreinem Hochdeutsch die Antwort: „Aber heute nicht mehr, habt ihr die Wolken gesehen?!" Ach nee, die sind uns noch gar nicht aufgefallen. Danke für die Hilfe.... Also weiter, wir hatten kaum Augen für die hübschen kleinen Almhütten, die rechts und links des Weges standen. Gleichzeitig war es aber auch eine kleine Beruhigung, dass man sich dort im Notfall hätte vorübergehend unterstellen können. Wir hasteten bis zur Starkenfeldhütte. Dort erkundigten wir uns nach der Wettereinschätzung der Hüttenwirtin. Denn nachdem ich die Übernachtungspreise dort gehört hatte, war eine Übernachtung dort gestorben, obwohl die Hütte zauberhaft war. Sie lag leider nicht in unserem Budget.

Die Hüttenwirtin stellte sich mit uns auf die Terrasse, der Wind wurde etwas stärker, die Wolken dunkler. Dennoch sagte sie nach einigem Herumdrucksen: „Also, ich kann Euch nichts raten, aber ich würde gehen." Das war für uns wieder ausschlaggebend. Wir nahmen also weiterhin unsere Beine in die Hand und marschierten etwas angespannt mit dem Grollen im Nacken und wahrscheinlich in Rekordzeit über eine weite Fläche in Richtung Kreuzwiesenalm. Immer wanderten meine Augen nach rechts und links, immer für den Notfall nach schnellem Schutz suchend. Wir hasteten an einem Bauernhof vorbei, hatten keine Augen für den traumhaften Blick auf die Dolomiten, durch die Kuhherde hindurch und zum Endspurt auf die Kreuzwiesenalm. Ich habe mich so sehr über den Anblick der Alm gefreut, es blieb sogar noch Zeit, um draußen einen halben Liter kühler Saftschorle hinunterzugießen. Von trinken war in diesem Fall keine Rede. Ich hatte sogar noch die Kraft, über eine Wanderin zu schmunzeln, die vor allen Leuten mitten auf der Wiese Yoga betrieb. Jedem das seine.

Ich konnte es nicht fassen, dass wir es geschafft hatten. Jetzt mussten nur noch unsere Hamburger Freunde rechtzeitig ankommen. Wir wollten uns gerade in das Lager aufmachen, als sie um die Ecke bogen. Wir waren sehr erleichtert, auch als wir bemerkten, dass die Hüttenwirte die Liste der angemeldeten Gäste durchgingen und sicherstellten, dass alle da waren.

Schnell in die Dusche springen, frische Klamotten anziehen, das Lager für das Umfallen vorbereiten und nichts wie zum Essen. Es ist schon verrückt, was man an einem Tag vertilgt, wenn man dauerhaft in Bewegung war. So hat unser Hamburger im Moment des Servierens nur verständnislos auf seinen Teller gestarrt, als er realisierte, dass diese Portion definitiv nicht reichen würde. Der verzweifelte Gesichtsausdruck sprach Bände.

Besonders gemütlich war dieses Essen, denn kaum waren wir im Restaurant, entlud sich der Himmel und draußen ging die Welt unter. Wie gemütlich das doch ist, wenn man beruhigt von drinnen bei gefüllten Tellern dabei zusehen kann.

Irgendwann ist jeder satt und wir gingen am Kaninchenstall vorbei, fütterten die süßen, armen eingesperrten Tierchen noch mit Löwenzahn, denn sie führten ein sehr trauriges Leben. Wie gut hatten es doch unsere zwei zu Hause, sie hatten den gesamten Garten für sich.

Es hatte noch immer nicht aufgehört zu regnen und wie gemütlich war bitte dieses Lager?! Ein ehemaliger Heuboden, auf dem zig Kojen aufgebaut waren, unter dem Holzdach liegend, mit einmaligem Blick auf die Dolomiten, ein Traum!! Wer hat eigentlich jemals auf Lager geschimpft?? Bisher waren sie immer traumhaft und alle gingen sehr respektvoll miteinander um. Es war wieder einmal eine unglaubliche Tiefschlafnacht.

Ich hatte mir so fest vorgenommen, mir abendlich die Sterne anzusehen und zu staunen. Aber ich kam einfach nicht dazu. Ich schlief jedes Mal so früh ein, dass an den Sternenhimmel gar nicht zu denken war. So auch heute, heute ganz besonders. Aber eigentlich dachte ich das an jedem einzelnen Abend. Aber er war bestimmt da, da bin ich mir noch heute sicher.

TAG 12 – KREUZWIESENALM – SCHLÜTERHÜTTE

07.08.2018

Angegebene Zeit: 8 Std. 30, tatsächliche Zeit: 11 Std.

Nach einem üppigen Frühstück mit selbstgemachtem Käse und einem riesigen Büffet, bei dem die Wanderer nicht sehr taktvoll fein säuberlich von den scheinbar höher eingestuften Pensionsgästen in der Sitzordnung getrennt wurden, ging es wieder früh los.

Ich ging zum Lager zurück am Kaninchenstall vorbei und mein Blick fiel auf eine Geldbörse, die auf dem Dach lag. Ich nahm sie an mich und wollte sie abgeben, als sie mir sehr bekannt vorkam. Es war meine eigene!! Ich hatte sie am Vorabend bei all der Müdigkeit und dem Entkommen vor dem Regenguss auf dem Weg ins Bett dorthin gelegt und tatsächlich vergessen. Ich war so dankbar, sie gefunden zu haben, ohne sie bereits vermisst zu haben. Unvorstellbar, aber mangels Einkaufsgelegenheiten durchaus möglich, wenn mir das erst am folgenden Abend auf der Schlüterhütte aufgefallen wäre.

Also rein in den Rucksack damit, Schuhe an und zügig losmarschieren, denn auch heute erwartete uns ein langer Tag. Zunächst ging es über Wiesen leicht bergauf, in Richtung Gampill, dessen Gipfel wir aber angesichts der eh schon langen Gehzeit an diesem Tag ignorierten. Wir kletterten über Gatter, die Waden zogen noch vom Vortag. Bis man mal eingelaufen war, dauerte es schon ein paar Minütchen... Ein Mitwanderer bemerkte: „Puh, mein Puls ist aber schon ganz schön hoch, auf 106." Ich musste so lachen, meiner war wahrscheinlich schon bei 160, Tendenz steigend.

Von oben hatten wir bei dem herrlichsten Sommerwetter eine atemberaubende Sicht zurück auf die Zillertaler Alpen und auf den Kronplatz. Über dem Tal hing eine fluffige Wolkendecke, es sah aus, als hätte man es mit Watte gepolstert. Traumhaft! Das Wetter dort unten musste unwirtlich sein, aber hier oben war es imposant.

Eine Kuh sah uns an und schien den Kopf zu schütteln. Was machen die hier nur? Wie kann man nur? Vielleicht aber auch: Ich will mit, das sieht toll aus.

Wir kamen an einer weiteren Bilderbuch-Alm vorbei. Es war unfassbar schön!! Eine ältere Dame, die Hüttenwirtin, nahm auf der Terrasse die Bestellungen entgegen, davor weideten ein paar Kühe, die ganz sicher Namen hatten, weite Wiesen auf der anderen Seite der Hütte und was war das?? Ein kleines Murmeltier streckte am Ende der Wiese die Nase in die Höhe, in seiner ganz eigenen für uns unerreichbaren kleinen Welt. Es war Friede pur. Im Gegensatz zu einem nordischen Mitwanderer, der zu seinem zweiten Frühstück direkt ein Bier dazu bestellte, nutzten wir nur die Gelegenheit zum Auffüllen des Wassers und zogen weiter. Der Tag würde noch sehr lang.

Wir gingen über die Bergkuppen hinauf und hinunter, es waren an diesem Tag so viele Jochs zu queren. Wir gingen durch das Glittner Joch an dem wunderschönen kleinen Schmelzwasser-Glittnersee vorbei, immer in Richtung Maurerberghütte, den Peitlerkofel stets vor Augen. Das war das Tor zu den Dolomiten, dahinter würden sich die gewaltigen und auch etwas bedrohlichen Berge vor uns auftun. Ich gebe zu, dass ich vor den wilden Dolomiten weiterhin ordentlichen Respekt hatte und hoffte, dass wir diese heil durch- und überqueren würden.

Aber zunächst ging es zum Tor der Dolomiten, dem Würzjoch. Der Weg führte in Richtung Turnaretscher Hütte, eine unbewirtschaftete Hütte, die zu einer ausgedehnten Pause einlud. Wir erreichten sie, nachdem wir eine Weile steil über einen schmalen Waldweg anstiegen, der gespendete Schatten glich fast dem Paradies, ja, so muss es dort wohl sein. Wir ließen uns an der Hütte fallen, schütteten Wasser in uns und genossen die Pause. Es schien, als würden wir an diesem Tag endlose Jochs und Kämme passieren und ich hörte schon bald auf, mir die einzelnen Wegpunkte zu merken.

Ein Jäger kam plötzlich aus dem Nichts daher, fröhlich bewaffnet. Wir wollten von ihm wissen, was er denn jagte, seine Antwort war nur: „Meistens nichts, aber so komme ich von zu Hause raus." So unähnlich war seine Ambition unserer ja nicht... einfach weit weg zu sein.

Irgendwann mussten wir uns aufraffen, denn wir hatten noch einen recht langen Weg vor uns. An die nächsten 1,5 Stunden erinnere ich mich kaum. Die Hitze hatte mich voll im Griff und ich spürte nicht einmal mehr den Schweiß, der einfach nur überall hinunterlief. Es war egal. Wir hatten bereits 6 Stunden hinter uns, aber auch noch 3,5 oder mehr vor uns. Der Rundumblick, der in der Ferne bis zum Großglockner reichte, war umwerfend.

Wir gingen von der Maurerbergalm den Fahrweg hinab bis ins Tal zur Bushaltestelle. Der lustig hupende Bäckerwagen, der seine Waren zur Hütte brachte, hatte meinen vollen Neid. Er saß a) im Schatten und b) im Kühlen. Wir nutzen die Haltestelle zu einer weiteren Pause und ich wurde von unseren Hamburger Freunden überstimmt, die Variante über die Straße zum Würzjoch zu nehmen. Die Strecke war hässlich, befahren, nicht ungefährlich, laut und langweilig. Das ist ein Teilstück, bei dem ich heute noch bereue, mich nicht mit den Kindern abgesetzt zu haben und mich gebeugt zu haben. Schade. So quälten wir uns die Teerstraße unspektakulär hinauf, bis das vollkommen überlaufene Würzjoch vor uns auftauchte. Der Lärm und der Verkehr und das touristische Treiben ließ uns unverzüglich weitergehen. Ich hatte ja keinen blassen Schimmer davon, dass es mit dem Joch für heute nicht getan war.

Am Würzjoch kamen sehr hungrig und durstig, aber fröhlich unsere beiden Stuttgarter Wanderkollegen aus dem Wald hinunter. Sie wunderten sich sehr, dass wir die Straße gewählt hatten und ich fühlte mich bestätigt, als sie den schönen Weg beschrieben. Das war nun nicht mehr zu ändern.

Beeindruckt standen wir dennoch am Tor zu den Dolomiten. Hier war also der Einstieg in das von mir am meisten geachtete Terrain. Es war mir immer noch nicht klar, wie ich über diese Berge kommen sollte, aber eins hatte ich bis hierhin gelernt: Es würde sich alles fügen.

Also – in die Hände gespuckt, Wasser aufgefüllt und weg vom Kommerz, hinein in das UNESCO Welterbe. Über eine weite Wiese, an Familien beim Wochenendausflug vorbei kam es mir dort plötzlich sehr vertraut vor. Es traf mich wie ein Paukenschlag. Als ich mich in meiner Ehe noch wohlgefühlt hatte, hatten wir in der Nähe unseren Urlaub verbracht. Damals war alles im Herbst schon in weiß getaucht und wir hatten die ersten Schneebälle geworfen. Die Kinder waren damals noch sehr klein. Der Weg, den ich früher schon einmal gelaufen war, führte am Peitlerkofel an der Westflanke hinauf.

Italienische Familien rannten dort hinauf, der Ausrüstung nach offensichtlich auf Tagestour unterwegs. Der Weg war Geröll, sehr schmal und wand sich stetig hinauf. Italienische Kinder rannten halsbrecherisch an uns vorbei, Hunde überholten uns, ich war leicht verstört. An einer Wegbiegung erkannte ich die Stelle wieder, an der ich mit den Kindern am Bach gespielt hatte, während mein damaliger Ehemann auf einem Stein ruhte – bezeichnend für unsere gemeinsame Zeit... Aber das ist eine andere Geschichte.

Wir waren damals irgendwann umgekehrt, da wir mit den noch recht kleinen Kindern Angst hatten, dass der schmale Weg zum Verhängnis werden könnte. Er war zu schmal, um sie an die Hand nehmen zu können, und wir hatten Angst, dass sie abstürzten. Es ging seitlich steil und gnadenlos hinab. Die ansässigen Familien hatten damit scheinbar kein Problem. Die Kinder liefen hin und her und versuchten, uns abzudrängen. Eine große Pfadfindergruppe stieg in der Nähe lautstark auf. So stelle ich mir mittlerweile den Aufstieg zum Everest vor. Mensch hinter Menschen, das eigene Tempo schwer durchziehbar, Kondition unwichtig, Hauptsache dabei. Innerlich schüttelte ich den Kopf. Es war schrecklich.

Der Abstand Weg zwischen Peitlerkofel und Aferer Geisler wurde immer enger, wir mussten immer mehr klettern. Es ging über Geröll hinauf, immer steiler. Irgendwann erreichten wir nassgeschwitzt die Peitlerscharte, um festzustellen, dass dort schon halb Italien war. Dort saßen sie, die Familien, die Pfadfinder, die älteren Herren mit nackten Oberkörpern, brrrrrr, es war ein Graus. Hier befanden wir uns nun auf dem Dolomitenhöhenweg, der gerade im Sommer sehr beliebt ist. Man merkte es. Wir fassten unsere Pause kurz und gingen schnell weiter in Richtung Schlüterhütte. Das Schicksal meinte es nicht so gut mit uns, denn auch die Pfadfinder brachen bald hinter uns auf. Die grandiose Berglandschaft ermöglichte bedauerlicherweise einen hervorragenden Weg des Schalls und so liefen wir mit dem Geplapper und

Gejohle einer Jugendtruppe im Nacken weiter. Nein, das war definitiv nicht mein Geschmack, wir waren alle drei genervt.

Ich muss gestehen, ich kann mich nicht erinnern, wie lange der Weg von hier noch dauerte. Hinter jeder Windung erhofften wir uns die Schlüterhütte, aber es dauerte noch ein Weilchen, bis der erste freudig aufschrie: DA IST SIE! Wir hatten sie tatsächlich erreicht. Völlig platt ließen wir unsere Rucksäcke auf den Boden fallen und nisteten uns im Lager ein. Leider waren wir drei im Notkeller untergebracht, der nicht so heimelig war. Aber so etwas ist ab einem gewissen Müdigkeitsgrad auch irgendwie egal. Die Dusche war der Himmel auf Erden und es dauerte an diesem Tag recht lang, die Sachen gründlich auszuwaschen.

Ich hatte hierin eine Routine entwickelt. Da ich von allem zwei Exemplare im Rucksack trug, wusch ich jeden Abend eine Garnitur aus, inklusive der Socken und trug am Folgetag die andere. Dieses System war in meinen Augen prima, so war ich nie dreckig oder stinkend. Wenn etwas nicht trocknen sollte, konnte ich am nächsten Tag immer in der Hitze an meinen Rucksack hängen. Es dauerte dann keine 30 Minuten und alles konnte wieder eingepackt werden.

Die Hütte war brechend voll und wir saßen bald eng en eng an unseren uns zugewiesenen Tischen. Der Hüttenwirt war super, trotz des Andrangs, und behielt locker alles im Griff. Wir saßen mit einer Gruppe

Franzosen am Tisch. Als ich meine Brille mit von Sohnemann aufgeklebten lustigen kleinen Augen aufsetzte, um die Speisekarte zu lesen, war das Gerede groß. Innerlich lachte ich mich über ihre Kommentare kaputt. Sie rätselten und tuschelten intensiv über den Sinn dieser Augen und versuchten zu definieren, zu wem die Kinder nun gehörten und wohin unser Weg wohl führte. Äußerlich ließ ich mir nichts anmerken. Warum meinten diese Leute, dass man sie außerhalb ihres Landes nicht versteht?

Uns wurde ein wunderschöner Sonnenuntergang geschenkt. Der Blick auf den Medalges war ein Traum und wir saßen noch ein Weilchen draußen und genossen den Blick. Die lärmenden Italiener fingen aber an, mich wirklich zu nerven. Irgendwann wurde es aber richtig kalt und im Bett wurde es um mich herum für heute endlich still. Ich hoffte nicht, dass es nun tagelang so weitergehen würde.

TAG 13 – SCHLÜTERHÜTTE – PUEZHÜTTE

08.08.2018

Angegebene Zeit: 5 Std., tatsächliche Zeit: 8 Std.

Heute waren wir mit die ersten am Start. Wir verzichteten auf ein Frühstück im überfüllten Gastbereich zu hohen Preisen und machten uns im Sonnenaufgang auf in Richtung Roa-Scharte, das erste Teilziel für diesen Tag. Wir rafften die noch leicht klammen Klamotten von der Leine (so einen schönen Ausblick hatten sie sonst nicht, sie wehten direkt vor der Kulisse des Medalges) und drapierten sie am Rucksack zur Endtrocknung. Bei der Hitze würde das nicht lange dauern.

Ich bewunderte in einer letzten ruhigen Minute die ersten Sonnenstrahlen, die orange auf die Medalges-Wand fielen und sie in ein wunderschönes warmes Licht tauchten. Was würde ich darum geben, für eine Weile eine Alm zu bewirtschaften und jeden Tag diesen Frieden beobachten zu dürfen?! Ich merkte mir, dass ich diesen Gedanken auf jeden Fall weiterverfolgen müsse. Was war die Welt hinter den Bergen gerade weit weg. Ein Sommertraum!

Dann stapften wir los. Irgendwie fühlte ich mich schon ausgelaugt, als wir den Weg von der Schlüterhütte mit wirklich leichter Steigung hochliefen. Kein guter Anfang... Wir kamen an der zeltenden Truppe Pfadfinder des Vortages vorbei, auch sie packten gerade zusammen. Heimlich nahm ich mir vor, auf jeden Fall VOR ihnen zu bleiben. Ihr Geplapper und Getöse hallten noch lange nach. Wir wollten an dem nächsten schönen Stein mit Aussicht unser Frühstück auspacken, nichts geht über ein Picknick in den Bergen schon zur frühen Morgenstunde. Der Kaffee fehlt, das gebe ich zu, aber der Blick und die noch kühle Luft ist Magie und macht alles wett.

Direkt oben am Kreuzkofeljoch warfen wir unsere Rucksäcke auf den Boden und packten unsere Jacken aus, die wir bis zu diesem Zeitpunkt nur als Sitzgelegenheit genutzt hatten. Das muss man sich vorstellen, in bisher 13 Tagen hatten wir nicht einmal eine Jacke benötigt. Der Schlafsack diente als Überwurf, damit der Rücken im Wind nicht zu sehr auskühlte und mit Blick aus erster Reihe auf Medalges, Zillertaler Alpen, Kronplatz, Peitlerkofel und Berge bis zum Großvenediger in der Ferne war es unglaublich schön. Wir konnten uns kaum losreißen.

Unsere Mitwanderer hatten uns vom Frühstückstisch mittlerweile eingeholt und wir packten schweren Herzens zusammen. Auf ging es – zum anstrengenderen Teil des Tages. Doch zuerst lag unter uns die Medalges-Alm. Wir trauten unseren Augen kaum. Wenn wir dachten, wir hätten Heidis Sommercamp schon entdeckt, dann war es nur, weil wir diese Alm noch nicht gesehen hatten. Sie lag unterhalb des Jochs, ein Heuboden war zum Schlaflager umgebaut worden, der Blick dort hinein machte mich sehr neidisch. Ich ärgerte mich, dass wir in der kommerziellen Schlüterhütte übernachtet hatten, lag diese doch unweit davon und hatte ein Vielfaches des Charmes. Wir konnten trotz des soeben gegessenen Frühstücks nicht widerstehen, und machten direkt wieder eine Pause. Die Alm war von einer vierköpfigen Familie bewirtschaftet. Die Tochter im Grundschulalter brachte uns selbstgemachten Joghurt mit frisch gepflückten Beeren, ein Traum, der nirgendwo niemals so gut schmecken würde, wie genau dort. Ich bekam leider nur eine einzige Brombeere ab, die Kinder waren schneller. Sei's drum. Ein Brunnen plätscherte, die Mutter trieb eine der zwei Kühe in den Stall zum Melken, der Vater stand in der Küche und der Sohn half seiner Mutter. Ich kann kaum beschreiben, wie friedlich dieser Ort war und wie sehr die Abgeschiedenheit mich bezauberte. Die Almwirtin sagte selbst, dass sie keine Werbung mache, denn sie wollte es genauso klein halten, wie es war. Es gab keine warmen Duschen, keine Steckdosen, um das Handy wieder aufzuladen, natürlich kein WLan. Stattdessen gab es das allerfrischeste Essen, Schlaf mit Heugeruch und absolute Stille gepaart mit sehr persönlichen Gesprächen mit den Wirten. Ich hätte sofort mit der Schlüterhütte getauscht. Man sollte auf der Karte definitiv genauer hinsehen und die kleinen Almen anvisieren. Das war mir wesentlich sympathischer und eine Lehre für die nächste Tour. Der Wanderführer war ohnehin nur eine Anleitung, kein Muss.

Für heute war es jedoch zu spät. Wir bezahlten und gingen weiter. Überall hörten wir das Pfeifen der Murmeltiere, sie kamen uns fast wie Geister vor. Am Wegesrand blühte immer wieder Edelweiß. In Anbetracht der Seltenheit dieser Blume und dem Anspruch, den diese an den Boden zum Wachstum stellt, bemerkten wir, dass wir uns weit weg von der Zivilisation befanden. Ich bestaunte jedes einzige seiner Art und wurde nicht müde, meinen Kindern diese auch zu zeigen. Nach dem dritten bis vierten wandelte sich ihr Interesse spürbar in Genervtsein – nun denn. Jetzt kennen sie sie wenigstens.

Ich ließ umgehend davon ab, als ich sah, wo genau der Weg noch bis zur Roa-Scharte herführte. Es ging erst leicht aufwärts, dann sichtlich steil wie in einem Trichter hinauf. Ich schwitzte schon beim Anblick. Aber es half ja nichts. Durchatmen und weiterlaufen, wie jeden Tag. So gingen wir Schritt für Schritt in der immer heißer werdenden Sonne bei traumhaftem Blick immer höher, immer steiler, immer enger, immer voller der Scharte entgegen. Die Oberschenkel brannten, Luis voraus, aber bevor wir uns großartig bemitleiden konnten, waren wir auch schon oben. Ich bemerkte wieder einmal die kleine Wunde an Luis Wade, die er zwar auch gesehen, aber weitestgehend ignoriert hatte. Ich beschloss, sie mir abends auf der Puezhütte genauer anzusehen.

So standen wir auf der Roa-Scharte, was soll ich sagen – der Blick war umwerfend. Links erblickten wir die noch zu überschreitende Nives-Scharte, ein Klettersteig, vor uns lag der Sellastock und direkt rechts auf der anderen

Seite der Roa-Scharte versuchte eine Gruppe von drei Wanderern ungesichert die steile Wand aufzusteigen. Ich konnte irgendwann nicht mehr hinsehen und hielt es für pure Selbstüberschätzung. Das hinabstürzende Gestein sprach Bände.

Genau hier war ein weiterer Entscheidungsmoment. Entweder gingen wir jetzt nach links und nahmen uns die Nives-Scharte vor, eine Kletterpartie, die senkrecht, aber seilversichert hinaufführte, oder aber wir nahmen die Umgehung, die hinab führte und den Berg umging. Wir entschieden uns für Variante eins und trabten voller Respekt, aber auch Unternehmungslust auf die Scharte zu. Leonie war auch nach der Umgehung der Friesenscharte noch skeptisch und ich denke, dass sie sich nur ungerne der Mehrheit gefügt hatte.

Die Pfadfinder hatten uns leider doch bei unserer ungeplanten Rast an der Medalges-Alm überholt und unsere Rechnung ging auf. Wir hatten nämlich spekuliert, dass sie vor uns die Nives-Scharte erklimmen würden und wir somit weniger Menschen hatten, die das Gestein von oben lockern könnten. Es wurde von allen Seiten vor Steinschlag in dieser Scharte gewarnt.

So rissen wir uns vom Anblick des halsbrecherischen Geschehens auf der rechten Seite los und machten uns in Richtung Scharte auf. Ich durfte nicht über den bevorstehenden Aufstieg nachdenken, nicht wegen mir, ich hatte maßlose Angst davor, dass den Kindern etwas passieren könnte. Nicht aus eigenem

Fehlverhalten heraus, sondern eher resultierend aus unverantwortlichem Handeln von anderen Wanderern.

Als ich am Felsen hinaufsah, bestätigten sich meine Zweifel. Ich sagte mir gebetsmühlenartig: nicht denken, nur aufsteigen, nicht denken, nur aufsteigen. Da rief Leonie plötzlich: „Kann ich schon mal los?" und als ich sie ansah, strahlte sie von einem Ohr zum anderen. Sie war in ihrem Element, sie klettert auch in ihrer Freizeit viel und diese Passage war ihr erster richtiger Aufstieg, im rechten Winkel hinauf, auf dieser Tour. Sie hing mit einem Bein und beiden Händen schon in der Wand und wartete auf den Startschuss. Wir zogen unsere Handschuhe an und los ging es. Bevor ich mich versah, war Leonie in Eichhörnchen-Manier schon weit über uns und hatte riesigen Spaß. Ich war so stolz auf sie und freute mich für sie, dass sie diese Passage so gut und so sicher bewältigte. Zugegeben, ich beneidete sie um jeden Meter, den sie schon weiter war. Von weiter oben gab sie uns beiden noch Hinweise, welcher Tritt der nächste geeignete war.

Dann geschah etwas Unfassbares. Ich hörte plötzlich hinter mir ein drängendes „Darf ich mal vorbei?!". Ungläubig drehte ich mich um und da waren tatsächlich zwei Frauen, die sich an Luis und mir von unten versuchten, vorbei zu schlängeln und, ohne eine Antwort abzuwarten, uns zur Seite drängten. Ich war sprachlos ob dieser Dreistigkeit und Unvorsichtigkeit. Wir beschimpften sie noch kurz aus dem Hinterhalt, was natürlich die Situation nicht besserte, und kletterten in Ruhe weiter. Ich konnte nicht glauben, dass es an einer solch gefährlichen Stelle Menschen gab, die meinten, einen Geschwindigkeitsrekord aufstellen zu müssen. Ich verstand plötzlich eine der häufigsten Ursachen für Unfälle in den Bergen. Die Menschen sind manchmal sehr kurzsichtig.

Wie ließen sie gewähren, eine Gewaltprobe nützt an dieser Stelle nichts und wir hatten auch keinen Bedarf, in einer Schlagzeile in der Zeitung zu stehen. Das hätte den Bedenken meines Bruders nur recht gegeben. Wir kletterten in unserem Tempo weiter. Es machte Spaß und ich merkte, wie viel Kraftaufwand tatsächlich gefordert war. Es war meine erste steile Kletterstelle, ich hatte großen Respekt. Konzentriert ging es immer höher, bis Leonies Stimme von oben fröhlich rief: „Ihr habt es gleich geschafft!", und knackte in ihrer Eichhörnchen-Manier wahrscheinlich ihre Nüsse weiter - fehlte nur noch das Popcorn.

Als ich über den Rand nach unten sah, war ich sehr froh, oben zu sein, aber die Glücksgefühle über das soeben Erlebte machten sich breit. Es hat so einen Spaß gemacht und war mit Sicherheit das coolste, was ich seit langem gemacht hatte. In Gedanken machte ich mir eine Notiz, einen Kurs für Klettersteige zu belegen.

Die Landschaft, die sich vor uns eröffnete, ist wohl am ehesten mit dem Mond zu vergleichen. Es war unfassbar schön, aber auch rau und karg. Der Blick war ein Traum, die Augen reichten bis zum Piz Boé, Langkofel, Sellastock, die Civetta-Wand - einfach Berge, soweit das Auge reichte. Wir konnten uns nicht sattsehen und ließen uns bei unserer Pause viel Zeit, um den Moment zu genießen und um das Adrenalin sacken zu lassen.

Der Rest des Weges war leicht, allerdings ging es doch noch ein Stück über Geröll und an Felsen entlang, später dann über weite Wiesen, auf denen sogar auf dem Mond Schafe friedlich grasten.

Vor einem recht großen Felsen sichteten wir plötzlich ein Murmeltier, dass von unserem Anblick scheinbar so geschockt war, dass es einfach stehen blieb und uns anstarrte. Luis ging darauf zu, immer näher, das arme Ding hatte keine Ausweichmöglichkeit. So pirschte sich Luis langsam heran, er wollte unbedingt ein Foto aus der Nähe ergattern. Aus Mitleid beendete er aber seine Mission, dem Murmeltier schien die Angst ins Gesicht geschrieben und wir überließen es gerne wieder seinem herrlichen Leben im Hochgebirge.

Wir folgten glücklich dem Weg bis hinauf zur Puezhütte, die so voll war, dass wir leicht zusammenzuckten. Wir warteten auf unseren Lagerplatz und waren ganz begeistert von den modernen Räumen. Ich war schwer beeindruckt, dass in diesem Lager die Stockbetten nicht nur zweistöckig waren, sondern drei. Es erinnerte mich sehr an einen Schiffsbug. Besonders bemitleidete ich diejenigen, die nach diesem Wandertag noch bis in das obere Bett klettern mussten.

Wir vertrieben uns die Zeit in der Sonne, aßen unsere noch verbliebenen Essenvorräte und ich holte ein Kartenspiel. Als ich wieder in die Sonne kam, torkelte mir auf einmal Luis plötzlich entgegen. Er sagte nur: „Mama, mir ist schlecht!", umarmte mich und sackte in sich zusammen.

Diese Schrecksekunde und meine Panik werde ich mein gesamtes Leben niemals vergessen. Ich dachte, dass er gerade in meinen Armen verstorben war. Ich legte ihn langsam auf den Boden – Leonie dachte, es sei eines unserer theatralischen Spielchen. Völlig blind vor Panik, unfähig zu denken, rief ich nur ständig seinen Namen. Mehr brachte ich nicht zustande. Ich bin heute noch endlos dankbar, dass unser Hamburger Freund ihn sofort in die stabile Seitenlage brachte und ihn ansprach, bis er die Augen langsam wieder aufschlug. Es war nur eine kurze Zeit, für mich schien es eine Ewigkeit zu sein. Irgendwann antwortete er, dass es ihm gut ginge und meine Angst wich in Zeitlupe dem Schrecken. In der Zwischenzeit hatte Leonie in der Hütte versucht, Hilfe zu bekommen. Es war unfassbar, keiner fühlte sich zuständig und scheinbar war man dort nicht bereit, sich zu beeilen. Es dauerte eine halbe Ewigkeit, bis jemand kam und nachsah, was bei uns passierte. Ich sah uns schon mit dem Helikopter ausfliegen.

Dem Himmel sei Dank, dass Luis wieder zu sich gekommen war – und er versuchte, mir die Ursache zu erklären. Er zeigte wortlos auf sein Bein, an dem ich die kleine Wunde vom Morgen sah. Es war ein eingewachsenes und verkapseltes Haar, was er scheinbar entfernen wollte und dem Aussehen nach war er zu dem Schluss gekommen, dass er Maden im Körper haben müsse. Das hatte wohl den Schwächeanfall ausgelöst. Ich bin heute sicher, dass er unter normalen Umständen nicht bewusstlos geworden wäre. Mir wurde schlagartig klar, dass Luis Körper so auf einen weiteren Störfaktor zusätzlich zu der Anstrengung der letzten Tage reagiert hatte - sozusagen die persönliche Notbremse. Es war schon die ganze Zeit sein Ehrgeiz, so schnell wie möglich oben zu sein, einfach nur, damit er den Aufstieg hinter sich hatte. Wir drei setzten uns auf die Bank hinter der Hütte und versuchten erst einmal, wieder klar zu denken. Luis war wie benebelt und redete und bewegte sich nur sehr langsam. Aber er war bei uns und sammelte sich wieder. Es dauerte eine Weile, bis wir uns wieder einigermaßen normal bewegen konnten. Luis war angeschlagen und vollkommen am Ende. Unvorstellbar, was passiert wäre, wenn ihm das in der Scharte passiert wäre. Es hätte sehr, sehr böse geendet.

Nach dem Essen gingen wir bald schlafen, keinem von uns war mehr nach Kartenspiel, quatschen oder anderen Beschäftigungen. Ich beschloss im Bett, die Tour am Folgetag abzukürzen. Sie hätte uns über 2-3 Klettersteige geführt und ich hatte große Angst, dass die Ohnmacht sich genau dort wiederholen könnte. Die Entscheidung fiel mir nicht leicht, denn wir sollten den höchsten und sehr spektakulären Punkt der Tour und somit eine weitere Schlüsselstelle erklimmen. Wir hatten uns sehr darauf gefreut und es tat weh, diesen Moment streichen zu müssen. Aber – Gesundheit geht vor. Luis Reaktion und sein weiteres Verhalten waren mir nicht geheuer.

TAG 14 – PUEZHÜTTE – GRÖDNER JOCH – FEDAIASEE

09.08.2018

Angegebene Zeit bis Grödner Joch: 2,5 Std., tatsächliche Zeit: 3 Std.

Nach gestern gönnten wir uns entgegen unserer Gewohnheit ein ausgiebiges Frühstück auf der Hütte. Ich hoffte, dass es die Kräfte der Kinder wieder aktivieren würde, oder zumindest dazu beitragen würde. Für die Kinder war es ein kleines Highlight, da wir aus Kostengründen versuchten, die teuren und meist recht schlechten Frühstücksangebote auf den Hütten durch eigenen Proviant und schöner Aussicht zu ersetzen.

Begleitet von einer atemberaubenden Aussicht auf Wolkenstein am Rande des Langentales immer entlang der Abbruchkante ging es in Richtung Crespeina-Joch. Wir liefen hauptsächlich auf Geröll und ich versuchte nicht daran zu denken, was passieren würde, wenn Luis hier wieder umfallen würde. Ich lief mit großem Kloß im Magen. Das Tal ist wunderschön, die steil abfallenden Wände bis hin nach Wolkenstein sind beeindruckend. Aber ich war froh, als wir eine kleine Schlauchpassage erreichten, durch die hindurch die Crespeina-Hochebene sichtbar wurde. Man konnte nur hintereinander gehen, ich phantasierte, dass wir oben auf den Felsen auf Durchwanderer warten könnten und sie überfallen könnten. Für den Moment waren wir eine kleine Räuberbande. Als ich mir vorstellte, was diese Wanderer in ihren Rucksäcken haben dürften, verwarf ich diese Vorstellung aber schnell wieder.

Es ging leicht, aber stetig hinauf, vorbei am Lluch de Crespeina, einem wunderschönen See mit kristallklarem Wasser. In dieser Höhe, irgendwo bei ca. 2500 Metern war das nicht verwunderlich. Wir hatten mit einem leichten Weg zum Grödner Joch gerechnet, doch wir wurden schnell eines Besseren belehrt. Im Nachhinein denke ich, dass aufgrund der Geschehnisse des Vortages, der Hitze und der Unsicherheit der Eindruck sehr individuell war. Vor uns zeichnete sich der Weg durch das Crespeina-Joch ab. Der Weg war mit Sicherheit ähnlich wie alle anderen auch.

Ein weiterer Aufstieg zog sich wie eine Linie durch das Geröll nach oben, der Weg nach oben fiel uns heute schwer. Im Joch selbst fiel uns ein „Gipfelkreuz mal anders" auf. Es bestand auf grob aufeinander gelegten großen Ästen. Der Blick raubte uns den Atem. Wir staunten jedes Mal aufs Neue, die Natur hat in dieser Gegend wirklich alles gegeben. Wir sahen rundherum die Dolomiten mit der Puezgruppe, Langkofel, Seiser Alm und die Gipfel der Ortler-Gruppe. Ich kam mir so klein vor und in mir kroch wieder der sagenhafte Respekt vor diesen Bergen hoch. Es war wunderschön.

Da wir jedoch nicht die einzigen Wanderer heute waren, es war dort oben recht voll, machten wir uns nach einer kurzen Rast auf den Weg in Richtung Grödner Joch auf. Es ging immer weiter über Geröll, an abfallenden Wänden entlang, seilversichert, konzentriert. Hier tummelten sich viele Italiener, die offensichtlich einen Tagesausflug machten. Sie hetzten, wie auch schon am Peitlerkofel, laut mit Kind und/oder Hund hinauf, relativ rücksichtslos die Vorfahrt einfordernd. Wir ließen sie gewähren, lag es uns fern, halb Italien belehren zu wollen.

So zogen wir in Schlangenlinien durch das Cir Joch, begleitet von Hundegebell und Kindergeschrei, in engen Kehren hinab zu unserem heutigen Wanderetappenziel. Wir hatten schon die Etappe zur Schlüterhütte als unangenehm, laut und überlaufen erlebt, aber der heutige Tag übertrumpfte dieses Gefühl um Längen.

Der vorwurfsvolle Blick eines italienischen Paares, als ich ihrem Hund KEINE Vorfahrt ließ, sprach Bände. Ich wünschte mir schnell das Ende herbei, ich kam mir vor wie ein Alien in diesem Geschehen. Die Frauen zogen Wolken von Parfum hinter sich her, Haarspray, dicke Bäuche, Sandalen und Geschrei waren Zeugen eines „schönen" Tagesausflugs, über den man beim abendlichen Schnitzelessen sagen würde, dass er doch ziemlich anstrengend gewesen sei und man besser ein paar Tage ausruhen würde.

Bitte nicht falsch verstehen, denn ich finde es großartig, wenn man sich als Gelegenheitswanderer dazu entschließt, einen solchen Aufstieg zu machen. Ich war umgekehrt eher stolz auf uns drei, dass wir es als normal empfanden, diese Strecke zu gehen und eben nicht angestrengt zu sein.

Der krönende Abschluss dieses schrecklichen Abstiegs war dann der Vorbeimarsch an Jimmy's Hütte (der Name sagt schon alles), unter Sesselliften hindurch, an Ticketboxen vorbei auf dem Fahrweg zum Grödner Joch. Auch hier musste ich innerlich einmal tief seufzen, dass ich den Piz Boé nur von unten sehen würde, aber mir war klar, dass es die richtige Entscheidung war.

Wir nutzen die Gelegenheit einer richtigen Toilette, bevor wir uns nach der Möglichkeit erkundigten, wie wir denn nun mit dem Bus bis zum Fedaiasee gelangen würden. Dort hatten wir die nächste Übernachtung gebucht.

Es zeichnete sich ab, dass das ein lustiges Abenteuer würde. Die erste Anfrage bei der Souvenirverkäuferin war niederschmetternd, denn sie kannte sich zwar mit Wanderkarten aus, hatte aber keine Idee bezüglich des Busses und rief ihren Kollegen herbei. Der zückte eine Karte und zeigte uns, wo unser Ziel lag, konnte uns aber nicht sagen, wie wir dorthin kommen könnten. Ich muss sagen, sie waren beide sehr bemüht, aber er zumindest hätte uns in die falsche Richtung geschickt.

Wir versuchten weiter unser Glück bei den beiden Kollegen hinter der Kaffee- und Kuchenbar. Sie tauschten kurze Blicke aus, berieten sich auf Italienisch, drehten ihre Köpfe wieder in unsere Richtung und hatten zumindest eine einigermaßen zuverlässige Information für uns: Wir müssten den Bus Nr. 471 nehmen – von der gegenüberliegenden Straßenseite - ein Stück weiter die Straße hinab sei die Haltestelle. Gesagt, getan. Wir sahen nur eine Leitplanke und ein paar Menschen, aber als wir uns näherten, klebte dort ein Blatt Papier, auf dem in Italienisch und in Deutsch „Ersatzhaltestelle" stand. Kaum waren wir dort, hielt ein Bus Nr. 471, wir stiegen ein, zahlten und Achtung: fragten, wo wir denn wieder aussteigen müssten. Der Busfahrer verstand uns nach vielen Handzeichen und einem Gemisch aus Italienisch und Deutsch und sagte, er wisse zwar, wo wir umsteigen müssten, aber nicht, in welchen Bus. Das war besser als nichts. Er versprach ebenfalls, uns Bescheid zu geben, wenn wir aussteigen müssten. Wir hatten keine Wahl, wir mussten ihm vertrauen. Also ließen wir uns in die gepolsterten Sitze fallen und genossen die Fahrt, die in schmalen Kehren vom Joch aus in Richtung der kleinen Orte führte.

Als wir uns gerade wohl fühlten, bog der Bus an einer Ampel rechts ab, hielt hinter der 270 Grad-Kehre und wir bekamen ein Zeichen des Busfahrers. Wir stiegen also aus, er fuhr davon und in diesem Moment wurde mir klar, wie man sich fühlen musste, wenn man in der Weite des „Tal des Todes" auf gerader Strecke als Tramper hinausgeworfen wird.

Uns gegenüber befand sich eine weitere Bushaltestelle, ein Parkplatz, auf dem eine Familie gerade in das eine von genau zwei parkenden Autos einstieg und davonfuhr, in der Kehre stand ein verlassenes Haus mit undefinierbarem Nutzen und außer ein paar Ampeln (die sogar funktionierten) war dort schlichtweg NICHTS.

Ratlos sahen wir uns an, denn es gab niemanden, den wir nun nach dem weiteren Weg fragen konnten. Plötzlich kam ein Bus gefahren, wir winkten – er winkte freundlich zurück und – fuhr weiter. Es war wie bei der versteckten Kamera, denn auch dieser Bus hatte die Nr. 471. Während wir noch über den nächsten Schritt berieten, sahen wir einen Bus Nr. 471 bergab kommen. Ich rannte hinüber, stellte mich an die Haltestelle, an der wir vor nicht allzu langer Zeit erst ausgestiegen waren und fragte erneut den Busfahrer. Dieser zuckte entweder wegen der Sprachbarriere, Unlust oder aus Unwissenheit mit den Schultern, ich habe es nie erfahren. Aber: Eine kunstvoll tätowierte Dame mit Hund stieg aus und wartete dann scheinbar auch. Worauf auf immer sie wartete, sie war unsere nächste Hoffnung!!

Wir fragten sie, wie wir unser Ziel erreichen könnten und sie beriet sich lange mit ihrem Handy. Dankbar für die Hilfe warteten wir geduldig auf das Resultat. Die Beratung ergab Folgendes: Ihr müsst Bus Nr. 471 in diese Richtung (sie zeigte bergauf) nehmen. Nein, doch Nr. 471 in diese (sie zeigte bergab). Nein, sie sei sich sicher, bergauf, Nr. 471, aber vor der Endstation bitte den Fahrer fragen, wie es dann weiterginge. Innerlich mussten wir sehr lachen. Die Situationskomik war unglaublich. Es schien ein Abenteuer zu werden, dass dem Aufstieg zum Piz Boé zwar bewegungsmäßig nicht das Wasser reichen konnte, aber in den Erlebnissen scheinbar in nichts nachstand. Es war herrlich zu wissen, dass wir alle Zeit der Welt hatten und irgendwann schon ankämen.

Ein Bus Nr. 471 hielt bergauf, sie fragte für uns und nickte uns zu. Wir entrichteten erneut brav unseren Obolus für die nächste Teilstrecke und auf ging es zur nächsten Unbekannten „x". Wir fuhren eine wunderschöne Strecke in abenteuerlichen Serpentinen hinauf, wir überholten andere Transporter so knapp, dass gerade einmal ein Stück Papier dazwischen passte, vorbei an Schneefeldern und einer wiederholt surrealen Kulisse eines Skigebiets im Sommer.

Irgendwann hielt der Bus, der Fahrer winkte uns, dass seine Nr. 471 nun hier anhielt und er eine Pause machen würde. Wir spürten unseren Magen mittlerweile auch, das ganze Unterfangen zog sich ein wenig in die Länge. Ich wollte schnell für uns eine Kleinigkeit zu essen holen, zumal sich an dieser Zwischenstation tatsächlich Menschen und etwas Zivilisation befanden. Wer wusste denn schon, was als Nächstes käme. Luis lachte noch und sagte per Murphy's Law müsste der nächste Bus 471 logischerweise genau dann kommen, wenn ich hinter der Tür aus dem Sichtfeld verschwunden wäre. Ich ließ mich nicht beirren, ich wusste, dass nicht nur ich Hunger hatte.

Indem ich die Tür gerade durchschreiten wollte, hörte ich ein „Maaaamaaaaa" entfernt hinter mir und als ich mich umdrehte sah ich zwei lachende Kinder und – richtig – einen Bus! Schnell rannte ich zurück, dieser Busfahrer hatte scheinbar keine Pause und konnte uns sogar bestätigen, dass wir nach Canazei mussten, um von dort dann den Bus zum Fedaiasee zu nehmen. Eine Wahnsinnsauskunft nach den letzten aktuellen Erfahrungen.

Also, hinein, los ging es. Wir fuhren steil bergab vom Passo Pordoi aus, sehnsüchtige Blicke nach oben auf den Sellastock gerichtet und in engen Serpentinen immer bergab die hart erklommene Höhe, in einfachen Autoschleifen in kurzer Zeit verlierend nach Canazei. Es tat weh, wie schnell das ging und mein Innerstes schien „neeeiiiinnnnn" zu schreien. Ich wollte nicht ins Tal, wollte nicht weg von diesem großartigen Massiv, nicht weg von der Natur. Ich tröstete mich mit dem Gedanken, dass uns noch einige Tage draußen bevorstanden.

Wir erreichten tatsächlich ohne weitere Zwischenfälle Canazei, einem kleinen touristischen Dörfchen am Fuße des Sellamassivs. Wir sahen...... einen Essenstand gegenüber der Bushaltestelle.

Sofort war alles vergessen. Während ich versuchte, Infos bezüglich unserer Weiterreise zu sammeln, besorgten die Kinder etwas zu essen! Sie kamen mit drei Portionen köstlicher Pommes zurück, die wahrscheinlich in die erste Liga aller Pommes der Welt gehörten – ein Traum! Jetzt hoffte ich nur noch auf genügend Zeit, um sie auch zu genießen. Die wurde uns schon allein deshalb gegönnt, weil kein Bus kam.

Also, erst essen, dann weiter überlegen. Der Traum ging weiter. Es kam tatsächlich ein Bus und gleichzeitig tauchte aus dem Nichts ein Mensch auf, der mir in einem interessanten Sprachenmix bestätigte, dass der Bus zum Fedaiasee fuhr. Wir zahlten ein drittes oder viertes Mal, und ließen uns erleichtert in die Sitze fallen. Mittlerweile war es schon später Nachmittag. Kaum dass wir saßen und begannen, uns über den Tag auszutauschen, hielt der Bus und der unverhofft aufgetauchte Mensch winkte uns aus dem Bus hinaus.

Oh nein, was folgte jetzt? Wir lachten nur noch und waren gespannt, wie es weiterging. Er textete uns in Italienisch zu, keine Ahnung, was er meinte, aber es hörte sich nett an. Nur das zählte. Also, wieder warten, das erkannten wir, und nach einer kleinen Weile kam der Bus Nr. 65 an diesem Tag. Vielleicht waren die Schilder mit „471" ausgegangen. Dieser sollte uns nun endgültig zum Ziel bringen. Ich verstand, dass ich a) wieder zahlen musste und b) an der ersten Haltestelle hinter dem Pass aussteigen sollte. Es war wahrscheinlich unsere Zahlwilligkeit, vielleicht aber auch die Freundlichkeit der Italiener, die dazu führte, dass uns der unbekannte Mensch wild gestikulierend an unserem Ziel aus dem Bus winkte. Sein Job blieb mir unerklärlich, er fuhr einfach mit und kassierte. Vielleicht war es das.

Wir standen vor dem recht heruntergekommenen Rifugio Castiglioni und waren nach den einsamen Hütten der Berge etwas enttäuscht. Mir wurde klar, dass wir nun im Tal waren und dort auch vorab außerhalb der Einsamkeit bleiben würden. Die Alpen waren überquert. Der zusammenhängende Teil unserer Wanderung durch die Berge war vorbei. Das realisierte ich mit einem weinenden Auge, es stimmte mich traurig. Der Weg erschien lange nicht so weit, wie er es wohl tatsächlich gewesen war. Gleichzeitig bedeutete es aber auch, dass wir unserem Ziel Venedig wieder einen großen Schritt nähergekommen waren.

Der Blick auf das blaue Wasser des Stausees am Fuße der Marmolada wunderschön.

Wir betraten das Rifugio und waren eine der ersten Tagesgäste. Wir wurden zwei Treppen hochgeführt und landeten... auf dem Dachboden. Er glich eher einem stillgelegten Lazarett aus dem 2. Weltkrieg, in dem seitdem nichts mehr verändert worden war. Selbst die Wolldecken schienen noch aus der Zeit dort zu liegen.

Das einzig moderne Zeichen waren Steckdosen. Das einzig Schöne war der Blick aus dem einfach verglasten und zugigen Fenster in minimaler Breite auf die Staumauer und die Berge gegenüber.

Das einzig Gute war, dass wir ungeachtet des Busabenteuers zu den Frühankömmlingen gehörten. So konnten wir drei Betten nebeneinander ergattern. Noch besser war es, dass nicht ich es war, die an diesem Tag an der Reihe war, neben Fremden zu schlafen. Das war unser Usus, tournierendes Fremdnachbarschlafen. Sehr fair fanden dieses Prinzip immer die zwei, die es gerade nicht traf.

Also, schnell etwas Persönliches auf das Bett werfen und Nahrung suchen. Die benachbarte Pizzeria erschien attraktiver als das Restaurant im Rifugio. Als wir das „Lazarett" verließen, stießen wir auf einen alten Bekannten. Der Wanderer, der die Strecke in nur drei Wochen komplett wandern wollte, denn mehr Zeit hatte er nicht. Er wanderte ständig in Eile, schluckte morgens Ibuprofen, um mehr Strecke machen zu können. Ich persönlich fragte mich an dieser Stelle nach dem Sinn. Er war derjenige, der uns beim Aufstieg zur Kreuzwiesenalm durch den Rodenecker Wald die Müsliriegel angeboten hatte.

Statt Müsliriegel gingen wir gemeinsam zur Pizzeria, nur um festzustellen, dass diese seit dem späten Nachmittag geschlossen war. Es war so gemein, es roch noch köstlich nach frischer Pizza. Also drehten wir uns enttäuscht um und gingen in das Restaurant des Rifugios zurück. Es war erstaunlich gut und diente dem Zweck. Unsere Unterhaltung mit dem Bekannten war recht mau, wir hatten ihm nicht viel zu sagen und wären lieber zu dritt geblieben. Furchtbar, wenn man plötzlich auf einen Selbstdarsteller stößt. Wir verabschiedeten uns schnell von ihm, er wollte am Morgen schon in aller Herrgottsfrühe weiterziehen, und fielen in unseren Tiefschlaf. Mein Blick auf Luis bestätige mir eindeutig, dass der ruhigere Tag genau richtig war. Er sah noch immer etwas mitgenommen aus. Der Piz Boé wird auch noch länger dort sein.

TAG 15 – FEDAIASEE – ALLEGHE

10.08.2018

Angegebene Zeit: 4 Std. 15, tatsächliche Zeit: 5,5 Std.

So, alles am Vortag wegen der lustigen Reise um das Sellamassiv Eingepackte kam heute wieder zum Vorschein. Voll ausgerüstet starteten wir in Wanderklamotten in Richtung Alleghe. Über die Staumauer immer entlang des Stausees ging es unterhalb der Marmolada entlang. Leider kam auch hier das Leid der Natur durch Skifahrer wieder zum Vorschein. Der Weg führte unterhalb der Lifte entlang, über ursprünglich sicherlich einmal wunderschöne Wildwiesen, die aber heute nur noch abgetreten und abgefahren waren. Sehr schade, und der Sinn und die Notwendigkeit des Skifahrens schoss mir erneut durch den Kopf. Viel mehr gibt es über die Teilstrecke bis zur Talstation der Gondel, die bis kurz unter den Gipfel der Marmolada hochführte, nicht zu berichten. In dem außerordentlich modernen Gebäude war Dank der Zivilisation Zeit für einen italienischen Capuccino und einen ersten Orange Soda. Dieser sollte uns bis Venedig noch oft begleiten, zusammen mit seinem Bruder, dem Lemon Soda. Pitstop und weiter ging es.

Der Eingang zur Schlucht Serrai de Sottoguda tauchte vor uns auf. Nach all den atemberaubenden Schluchten, Tälern, Berggipfeln, Gletschern, Kletterpassagen, verlangte man hier von uns, €2,50 pro Person zu zahlen, um in Begleitung einer Bimmelbahn und Menschen aller Altersklassen gesammelt kurz die Landschaft bewundern zu dürfen. Nachdem ich dem Schrankenbeauftragten (er schien sehr wichtig zu sein, er hatte sogar eine eigene Schirmmütze) klar machte, dass ich nur eine Strecke durchlaufen wollte und schon zwei Wochen unterwegs sei, bekam ich zur Scham meiner Kinder nur ein Schulterzucken. Ich war tatsächlich sauer und bat meine Kinder umzukehren. Ich sah nicht den entferntesten Sinn darin, für Landschaft zu bezahlen. Also entschied ich einfach, dass wir die Strecke entlang der Straße laufen würden und erntete eine nicht so nette Schimpftirade meiner Kinder. Auf der Karte war ein Tunnel zu erkennen, auch das schreckte mich nicht ab, im Gegenteil. Mein Sohn schimpfte wie ein Rohrspatz – mir war klar, dass er mich das so schnell nicht vergessen lassen würde. Er betonte, dass er umkehren würde, für den Fall, dass der Tunnel keinen Gehweg habe. Ich nahm das in Kauf. So tauschten wir bezahltes Schluchtentouristenerlebnis mit Straße, und – oh Wunder – es gab einen schmalen Gehweg. Den Spuren nach zu urteilen, waren wir auch nicht die ersten, die sich an der Schranke auf die Füße getreten fühlten. So lösen sich manche Bedenken in Luft auf. Haben die zwei geschimpft! Wegen €7,50 so einen Weg zu gehen, das hörte ich noch öfter und es wurde zu einem geflügelten Wort.

Als wir den Tunnel heil hinter uns hatten, sahen wir seitlich von uns Sottuguda liegen, ein kleines Dörfchen, das ein Teilziel des heutigen Tages war. Wir hüpften über die Wiese, ich muss zugeben, dass auch ich froh war, die Straße wieder verlassen zu können.

Sottoguda ist ein wunderschöner, leider jedoch recht touristischer Ort. Wir kamen uns vor, wie in einem Freilichtmuseum. Alte, mit wunderschönen Blumen verzierte Häuser stehen dort.

Das Besondere, vielleicht auch das etwas seltsame, spukig Anmutende dort ist, dass überall Strohpuppen aufgestellt sind. Nicht irgendwelche Puppen, sondern lebensgroße Strohpuppen in Positionen wie lesend, auf dem Balkon sitzend und beobachtend, es war faszinierend. Am faszinierendsten war jedoch, die Puppenbauer mögen mir verzeihen, die Eisdiele auf dem Weg durch das Dorf. Das Eis war für unsere Verhältnisse unsagbar teuer, aber was spielt das für eine Rolle, wenn man stundenlang durch die Hitze läuft (und Geld bei der Schluchtenpassage gespart hat). Jedenfalls das, was wir zu diesem Zeitpunkt als Hitze empfanden. Wir hatten zum Glück keine Ahnung, was das Wetter noch für uns in petto hatte und was Hitze wirklich bedeuten sollte. Also – Eis essen, genießen und weiter zu unserem Tagesziel.

Der Rest des Weges war weiterhin nicht so spektakulär. Entlang des Torrente Pettorina und des Torrente Cordevole wanderten wir die Wege ab, vorbei an grillenden Familien, Spaziergängern und anderen Tagestouristen. Plötzlich tat sich vor uns eine Baustelle auf. Wir hatten die Warnschilder zwar gesehen, allerdings ignoriert, denn in Italien heißt gesperrt ja nicht unbedingt gesperrt. Nun, hier hieß es das. Es war gesperrt!

Da wir aber schon eine ordentliches Stück bis hierhin gelaufen waren, überstimmten Luis und ich Leonie und liefen einfach durch die Baustelle. Luis Argument, dass wir schon Wälder ohne Wege durchquert hatten, durch Bachläufe gewatet waren, um wieder auf den Weg zu kommen, Kühe umlaufen hatten und dass daher ein kleines Warnschild kein Grund war, eine halbe Stunde zurückzulaufen, war einschlagend. Außerdem arbeitete dort niemand. Das lief auch alles gut, wir sahen, dass wir nicht die ersten waren, die nicht zum Umkehren bereit gewesen waren. Dummerweise wartete am Ende die Überraschung, es war ein Bauzaun aufgestellt– kein italienischer, sondern einer, der die Bezeichnung Bauzaun verdient hatte. Wir mussten vor Zuschauern, sehr peinlich, auf einen Sandhügel klettern, um dann über den Zaun zu klettern, in der Hoffnung, dass wir nicht unsere Hosen aufrissen. Wir mussten lachen. Aber ich bin ganz sicher, nicht einer von ihnen hätte jemals daran gedacht, umzukehren.

Dann lag es auch schon vor uns – Alleghe. Ab über die Brücke, vorbei an einem zauberhaften Seeufer, an Hütten vorbei, deren Außenwände aus Brennholz gebaut war (ich fragte mich an dieser Stelle, ob dieses jemals verbraucht würde und wie dann wohl die Außenwand aussähe), vorbei am Campingplatz in Richtung unseres Hotels. Ja richtig, HOTEL!!!

Wir fanden es dicht am Ufer, es schickte der Himmel. Es gab eine Dusche, einen riesigen Balkon, Seife – und frisch bezogene Betten!! Wie lange war das her, es erschien eine Ewigkeit. Ich glaube nicht, dass einer von uns schon jemals so lange geduscht hatte!! Am längsten brauchte ich, ich wusch wie immer noch alle Klamotten gründlich aus, bevor ich zufrieden war. Es war ein Fest! WLan gab es auch und wir kontaktierten die Heimat. Das begann prima. Beim Ausbreiten der frisch gewaschenen Wäsche auf dem Balkon zog ein unwiderstehlicher Geruch von Gebratenem herauf. Ich schnupperte und verspürte urplötzlich rasenden Hunger.

Das spornte uns an, in Windeseile ausgehfertig zu sein und wir fanden an der Kirche eine Pizzeria, die nicht von dieser Welt war. Die Italiener waren noch mit Eis und

Kaffee beschäftigt, da waren wir schon mit unserem Abendessen fertig. Es war so unfassbar lecker.

Ich merkte, wie notwendig ein freier Tag war und wir freuten uns auf Flipflops für Tag 16. Wir hatten in Alleghe unseren ersten Pausentag eingeplant.

Zufrieden schliefen wir ein. Es herrschte große Vorfreude auf den folgenden Tag, an dem wir einfach lange schlafen würden, in Ruhe frühstücken und viel, viel essen und einkaufen sollten. Das Leben kann so einfach sein!

TAG 16 – ALLEGHE – RUHETAG
11.08.2018

Auch heute begann der Tag mit Essensgedanken. Es war gefühlte Monate her, dass wir in Ruhe und so lange, wie wir wollten, frühstücken konnten. Es war herrlich! Lustig war, dass die Bedienung plötzlich auf unseren Tisch zukam, mit einem schwarzen Kleidungsstück wedelte und uns fragte, ob es unseres sei. Ich erkannte meine Wanderhose, und obwohl es keinen Grund dafür gab, war es mir unangenehm, das zuzugeben. Es war nicht die Tatsache des Besitzes, sie war durchaus ansehnlich, sondern eher die Tatsache, dabei ertappt worden zu sein, die Wäsche auf dem Balkon ausgelegt zu haben. Das ist, wie wir allerdings zu unserer Verteidigung erst in Belluno erfuhren, in Italien nicht gerne gesehen und scheinbar eher eine deutsche Macke. Sie war wohl vom Balkon auf die darunter stehenden Biertische gepustet worden. Ups.

Wir schnappten uns in die Kleidung, die einigermaßen „stadtfein" war, auch wenn das jetzt sehr positiv beschrieben ist. Uns kannte ja niemand. Alleghe ist ein sehr schönes kleines Städtchen am Ufer des gleichnamigen Sees. Alte und kleine Häuser sind an den Hang gebaut, kleine Gassen führen hindurch, am Kirchplatz befindet sich die Touristeninformation, besagte Pizzeria und ein Supermarkt. Es war uns ein Fest. Wir kauften notwendige Dinge wie Duschgel oder Zahnpasta, aber auch frisches Brot, Obst, Käse, Wurst und Schinken, wir konnten nicht genug bekommen. Schokolade, Kekse, wir hatten das Gefühl, dass wir seit einer kleinen Ewigkeit nur von trockenem Brot lebten – was natürlich Nonsens war. Wir schickten Postkarten auf ihren Weg nach Hause, bummelten am Seeufer entlang, kauften Eis, fanden ein paar Flohmarktstände mit Kuriositäten aus Kriegszeiten und ließen die Seele baumeln. Uns beeindruckte immer wieder der Blick auf die den See einkesselnden Berge, besonders die Civettawand, an deren Fuße wir am Ende der nächsten Etappe übernachten sollten. Sie überwachte majestätisch den See.

Ich merkte, wie es uns allen guttat, eine Pause einzulegen und den Körper in Ruhe zu lassen. Luis sah auch schon wieder etwas besser aus, Leonie feierte die Zivilisation und ich genoss es, statt den Rucksack zu packen am Morgen einfach nur unter die Dusche zu springen.

Gegen Nachmittag kamen unsere Wanderkumpanen an, sie waren über den Piz Boé gelaufen. Es war so schön, sie zu sehen, wir begrüßten uns wie alte Freunde. Wir berichteten von unseren Erlebnissen der letzten 48 Stunden. Wir erfuhren, dass unser Hamburger sich auf der Hütte den Magen wahrscheinlich mit Mayonnaise verdorben hatte, ziemlich grün im Gesicht war und per Bus vom Fedaiasee nach Alleghe gekommen war. Leider hatte der Magen die Fahrt nicht unbeschädigt überstanden.

Die netten Busfahrer hatten sich sein Gesicht bestimmt gemerkt.

Sie hatten in einem großartigen Hotel direkt über der sagenhaften Pizzeria ein Zimmer gebucht, ebenfalls in Vorfreude auf ein bisschen Luxus. Nur nützt leider das beste Hotel nichts, wenn man eigentlich nur eine Toilette und irgendein Bett benötigt. Tapfer setzte er sich zu uns sechsen, aber es war recht offensichtlich, dass er wohl am Folgetag nicht jubelnd aufspringen würde, um in Richtung Belluno zu starten. Sie taten uns furchtbar leid.

Es kam, wie es kommen musste. Sie konnten nicht weitergehen und hatte sich entschlossen, noch einen Tag in Alleghe zu bleiben, damit er sich erholen konnte. Dann würden sie nach Belluno fahren, um von dort einen Tagesausflug nach Venedig zu machen und die Reise ausklingen zu lassen. Ihr Plan und ihre Zeit war von Beginn an so gedacht, dass Belluno ihr Ziel sein würde. Dort wollten wir uns wieder treffen.

Wir drei waren sehr traurig darüber, sie waren uns sehr ans Herz gewachsen und die gemeinsamen Erlebnisse waren sehr lustig. Auch der Zusammenhalt in den schwierigen Passagen, das Achten aufeinander, der gemeinsame Spaß, das gemeinsame Zähneputzen und der Tiefschlaf am Abend hatten uns sehr zusammengeschweißt. Es ist schon erstaunlich. Menschen, die wir im „normalen" Leben vielleicht mal gerade gegrüßt hätten und mit dem Kommentar

„Mensch, die waren aber nett." vorbeiziehen lassen würden, waren uns durch die Wanderung so lieb und vertraut geworden. Irgendwie spürte ich, dass das Ende der Reise durch die Berge schon zu diesem Zeitpunkt begann, und das stimmte mich im Gesamtpaket schon jetzt sehr traurig. Es tat mir so leid für die beiden. Aber – auch hier galt wieder – Gesundheit geht vor und die bevorstehenden drei letzten Tage in den Dolomiten ließen keinen schnellen Notabstieg in das nächste Dorf zu. Wenn man einmal oben war, blieb man erst einmal dort.

Wir hatten seit zwei Tagen versucht, für die letzte Hütte in den Dolomiten (Pian de Fontana) drei Betten zu erhaschen. Ich rief täglich in der Hoffnung auf eine Absage anderer dort an, aber immer wieder hieß es, dass sie ausgebucht seien. Das bedeutete, dass nach einer äußerst langen und anstrengenden Etappe noch ein zusätzlicher Weg von ca. 2 Stunden auf uns wartete. Wir würden das zwar schaffen, mussten wir, aber es ließ einen ziemlich unentspannten Tag erwarten, selbst bei perfektem Wanderwetter.

So buchten wir zunächst die weiter entfernte Hütte, das Rifugio Bianchet. Mittlerweile waren auch Luis und Leonie Profis in den Buchungen. Es war himmlisch, diese Aufgabe ab und zu abgeben zu können, und so gingen wir abwechselnd die Unterkunftsbuchungen an. Ich staunte immer wieder über die pragmatische und sichere Art, mit der meine beiden Großen unsere Unterkünfte buchten – ein großartiges Gefühl.

Auch wenn der Anlass traurig war, so waren wir unendlich dankbar, als unsere Hamburger uns mitteilten, dass ihr Weg beendet war und wir ihre beiden Betten in der letzten Hütte auf jeden Fall haben könnten. Es fehlte also nur noch eines, das würde auch irgendwie funktionieren, und wenn wir uns eins teilen müssten. Ich hätte sie knutschen können, ließ es aber.

Am Abend braute sich über den Bergen wieder einmal ein schweres Gewitter zusammen. Vom Balkon aus sah ich, wie die Farben des Himmels von orange bis tiefviolett wechselten und es am frühen Abend stockdunkel wurde. Die Luft roch nach feuchten Sommertagen, so, wie es nur im Sommer nach dem Regen riechen kann. Trotz des drohenden Unwetters war es noch wunderschön warm. Ein Naturschauspiel.

Wir verabschiedeten uns am nächsten Morgen von ihnen, allerdings mit dem Trostpflaster, dass wir uns in drei Tagen in Belluno wiedersehen würden, auf eine erneute Pizza – mit ganz viel Wein! Ich hatte irgendwie einen Kloß im Magen.

TAG 17 – ALLEGHE – TISSIHÜTTE
12.08.2018

Angegebene Zeit: 3 Std. 15, tatsächliche Zeit: 4 Std.

Am frühen Morgen ging es nach dem ausgiebigen Frühstück zur Gondel. Nach unserem Pausentag war ich sehr froh, der Zivilisation mit frisch gekaufter Zahnpasta, Sonnencreme und Proviant wieder entrinnen zu können. Ich freute mich wie Bolle auf die Einsamkeit und Natur, als wäre es schon lange her.

Wir hatten uns für den modernen und einfacheren Aufstieg entschieden, da aus den Wegbeschreibungen nicht eindeutig hervorging, wie begehbar der Weg hinauf wirklich war. Von Steinschlag bis steil, aber gut begehbar waren alle Beschreibungen vorhanden. Nicht zuletzt wegen Luis Vorfall an der Puezhütte entschieden wir uns für die Seilbahn. Wir kamen uns kurz ein wenig betrügerisch vor.

Eine luftige Seilbahnfahrt führte schmerzfrei den Berg hinauf, immer die Civettawand vor Augen. Oben angekommen offenbarte sich ein grandioser Blick auf den Monte Pelmo. Leider wurde die dramatische Landschaft wieder einmal durch Menschenmassen getrübt. Das ist leider der Nachteil von Seilbahnen, die die Bergwelt jederzeit für alle zugänglich macht. Es erinnerte sehr an den Abstieg zum Grödner Joch, der uns ebenfalls, trotz faszinierender Landschaft, nicht sonderlich positiv in Erinnerung geblieben ist.

Wir sahen zu, dass wir möglichst zügig zum Rifugio Coldai kamen. In engen Serpentinen schoben sich die Wanderer hinauf. Die Hütte ist einzigartig an der Civettawand gelegen, fast schon kitschig schön. Aufgrund des Menschenauflaufs und der Tagesausflügler legten wir nur eine kurze Pause ein und sahen zu, dass wir den Weg bis zum Lago Coldai fanden. Es ging hinab darauf zu, der Blick war nicht von dieser Welt und schier unglaublich. Türkises Wasser vor der Kulisse der Civettawand, geschützt durch Felsen, die wie bei einer Sandburg am Strand zwar nicht vor Wellen, aber vor Wind schützen sollte. Wir konnten nicht widerstehen und entschlossen uns dort zu einer Rast. Viel hatten wir noch nicht geleistet, aber das war egal. Manche unerschrockenen Wanderer sprangen zum Bad in das eiskalte Wasser. Ich weiß nicht, wie viele Wochen ohne Dusche mich dazu gebracht hätten, aber es hätten sehr, sehr viele sein müssen...

Wir beschränkten uns auf eine Essenspause und genossen die Kulisse. Es war noch recht früh am Tag und wir ließen uns Zeit. Als wir aufbrachen und über das nächste Joch sehen konnten, sahen wir die Tissihütte am Felsvorsprung liegen, ein bisschen wie ein Adlerhorst. Sie liegt direkt gegenüber der Civettawand und am Rande des Berges. Unglaublich schön, und ich freute mich auf den Blick hinab auf Alleghe und den See, an dem wir am Vortag noch gesessen hatten. Schon jetzt war die Aussicht Dank des unglaublichen Wetters unfassbar. Der Weg vom Fedaiasee in Richtung Alleghe an der Marmolada vorbei, der Sellastock, der Piz Boé, Berge, so weit wie das Auge reichte, von denen wir so viele schon überschritten hatten. Wir konnten uns nicht satt sehen. Wir staunten erneut darüber, wie schnell man zu Fuß unterwegs war und welche Distanzen man mit dem langsamsten Fortbewegungsmittel, den Füßen, in kurzer Zeit zurücklegen kann.

Weiter ging es also entlang der gewaltigen Wand. Hier sieht man Kletterer an Seilen den Gipfel erklimmen, eine für mich so gefährliche Freizeitbeschäftigung. Umso beeindruckender finde ich alle Menschen, die das wagen.

Der Weg führt unterhalb der Wand entlang, zunächst relativ eben oder abfallend durch Geröll. Ich war so konzentriert auf den Blick und das Bergmassiv, dass ich den Weg kaum beachtete. Irgendwann bog der Weg nach rechts bergauf ab und wir stiegen hinauf zur Tissihütte. Ein enger Weg zwischen großen Steinen, ein bisschen Geröll und definitiv steiler und länger, als erwartet. Wir passierten den morgigen Abzweig und stiegen weiter bergauf.

Entgegenkommende Wanderer munterten uns mit einem „Gleich habt ihr es geschafft!" auf. Das hörte sich gut an. Wir hätten es besser wissen müssen. Kein Weg in den Alpen/Dolomiten ist ein kurzer Spaziergang. Auch wenn die heutige Etappe vergleichsweise kurz war, barg sie dennoch eine ordentliche Steigung forderte unsere Lungen.

An der Hütte angekommen, warf ich meinen Rucksack in die Ecke. Wir bekamen ein Bett in einem nicht so schönen Lager zugewiesen. Es lag unter der Hütte, wahrscheinlich war der Raum ursprünglich einmal für Vorratslagerung verwendet worden. Es war feucht und dunkel und ich fragte mich, wie unsere Sachen hier jemals trocknen sollten. Die Dusche lag oben in der Hütte, also ab nach draußen, entweder durch den Speiseraum oder den Hang hoch über den Seiteneingang. Bei schönem Wetter war das kein Problem, bei Wind und Regen aber ganz schön fies. Das Schöne an so einem Weg ist, dass man mit dem, was man hat oder bekommt, vollkommen zufrieden ist. Man kann es nicht ändern.

Also folgte ich stur meinem Ritual, meine Sachen unter eiskaltem Bergwasser auszuwaschen, auf der Leine im Wind aufzuhängen und zu entspannen. Von den großen Fenstern des Speiseraumes aus eröffnete sich ein unbeschränkter Blick auf die Civettawand. Jede Minute, bei jedem Blick wandelte sie sich - mal mit Wolken, mal mit Sonne, mal mit Schatten, aber immer gewaltig. Sie hat mich am nachhaltigsten beeindruckt und ich sehe sie noch heute vor meinen Augen.

Am Tisch kamen wir mit einer Dame aus Bayern ins Gespräch. Sie war etwas älter und allein unterwegs nach Venedig. Sie hatte kein Zeitlimit und war schon viele Tage länger unterwegs als wir. Zunächst sortierte ich sie in die Kategorie wunderlich ein, von denen wir schon so manchen Menschen entlang des Weges getroffen hatten. Aber im Laufe des Gespräches zog ich immer weiter den Hut vor ihr und ihrem Mut, solch ein Projekt anzugehen. Ich revidierte meine Meinung. Sie war in nicht so guter Verfassung, sie hatte Schmerzen und etwas Angst vor den bevorstehenden längeren Etappen.

Unser Gespräch wurde beendet, als die Sonne unterging und wir einen Höhepunkt des Weges unbedingt sehen wollten – den Cime di Col Rean im Sonnenuntergang. Es war ein von Luis besonders erwartetes Highlight und wir gingen zügig hinauf zum Gipfelkreuz.

Der Weg war nicht lang und führte direkt hinter der Hütte hinauf. Dort oben fiel der Felsen steil ins Unendliche ab, mit der grandiosen Wand im Rücken ein unglaubliches Gefühl.

Wir konnten Alleghe sehen, den Platz vor der Kirche mit der Pizzeria vom Vortag, den Weg, den wir vom Fedaiasee nach Alleghe gegangen waren und das gesamte Cordevoletal, sowie – und das war erneut unfassbar und atemberaubend – die gesamten Alpen bis hin zur Marmolada und dem Sellastock direkt vor uns. Das waren wir alles schon gelaufen (und Bus 471 gefahren). Mich überkam ein bisschen Traurigkeit, in drei Tagen sollte dieses Abenteuer schon hinter uns liegen. In drei Tagen sollten wir in Belluno sein und damit die Berge endgültig hinter uns lassen.

Ich legte mich auf den Boden, um mich an die Abbruchkante zu robben und bekam Schmetterlinge im Bauch. Der Wind pfiff uns um die Ohren und wir wurden sehr demütig – wieder einmal. Mir erschien alles zu Hause so überflüssig. Was macht man bei der Arbeit, wenn das Leben ohne einen weitergeht? Warum ist das System so etabliert? Warum tut man sich das als Mensch an, denn man hat ja nur ein Leben? Weil die Antwort immer „man muss ja Geld verdienen" lautet und weil man immer meint, Teil dieses Systems bleiben zu müssen. Aber ich verstand, dass man es eben nicht muss, dass man immer die Wahl hat. Wie unwichtig erschien ein schönes Auto, ein großzügiges zu Hause, eine wichtige Position, viele Bekannte, schöne Klamotten, wenn man doch hier draußen alles Glück vor den Füßen hat. Ich begann nach und nach, meinen Weg zu überdenken.

Am Himmel zogen dicke Wolken auf und das Farbspiel änderte sich minütlich von dunkellila über grau und orange bis hin zu rotglühend und die Farben wurden von der Bergwand zurückgeworfen. Es war der Himmel auf Erden, der uns dort für ein Abend geschenkt wurde und eines der schönsten Naturereignisse der Tour. Wir sahen alle drei andächtig in die sich auftürmenden und bunten Wolken, einer der Momente, in denen man nicht sprechen musste.

Ich war so stolz auf meine Beiden, sie hatten es ohne Murren, sondern meist mit großem Entdeckungsdrang und mit Freude, trotz Verletzungen und trotz Schmerzen bis hierhin geschafft. Ich wusste in diesem Moment, dass wir in Venedig ankommen würden.

Es wurde kalt und dunkel, die Sonne war verschwunden, das Farbspiel der Natur war vorbei. Wir stiegen ab und erschraken. Vor uns am Boden tat sich ein Loch im Felsen auf. Nicht irgendein Loch, sondern ein Loch von ungefähr 60 cm Durchmesser. Mein Blick fiel hindurch, er reichte 30 Meter oder mehr senkrecht hinab, dahinter wurde mein Blick versperrt, aber es ging noch tiefer. Das Loch war fast unsichtbar und die einzige Sicherung dafür war ein heruntergetretenes Stück Draht, der einmal als Absicherung gedient haben musste und nun komplett überflüssig über dem Boden baumelte. Ein Fehltritt und man würde ungesichert in die Tiefe fallen. Mein Gedanke ging sofort an spielende Kinder oder müde Wanderer. Ich schüttelte fassungslos den Kopf, hier waren wir wieder in der Realität. Dass es so etwas gab, machte mich sprachlos.

Schnell zurück in die warme Hütte, essen, fertig machen, ab ins Bett - das Übliche, auch die üblichen kuriosen Leute. In unserem feuchten Lagerraum befand sich jemand schon schnarchend, Musik lief, mit Klingelschellen an den Fesseln, wie Till Eulenspiegel. Sehr wundersam. Irgendwann wurde jemand so wütend auf den geräuschvollen Mitschläfer, dass er alles abschaltete. Mich störte das Schnarchen und die Klingeln nicht. Ich schlief tief und fest in Vorfreude und mit Melancholie auf den vorletzten Tag im Hochgebirge ein.

TAG 18 – RIFUGIO TISSI – RIFUGIO BRUTO CARESTIATO

13.08.2018

Angegebene Zeit: 6 Std., tatsächliche Zeit: 9 Std.

Wenn ich auf dieser Reise eines gelernt habe, dann die Tatsache, dass sich nicht immer alles zu 100% planen lässt und sich dennoch immer alles ergibt – so auch heute.

Wir standen früh auf, es war noch ziemlich kalt. Till Eulenspiegel hatte das Lager schon verlassen – es war feucht und nicht so gemütlich im Bett. Wir quälten uns in den kalten Morgen, stapften tapfer über das kurze Wiesenstück zur Dusche und sahen zu, dass wir starteten. Vorher sammelten wir die noch klammen Sachen ein, packten und verabschiedeten uns bis später von unseren Stuttgarter Wanderkumpanen. Sie wollten noch in Ruhe frühstücken, wir wollten uns das wieder sparen und planten ein Frühstückspicknick unterwegs in der unfassbar klaren Dolomitenmorgenfrischluft. Die Sonne ging auf und die Welt war noch friedlich und ruhig, das Licht noch im Umbruch von Nacht zu Tag. Es war erst 6h Uhr morgens.

Als wir an den Tisch kamen, saßen die Stuttgarter mit der älteren Dame vom Vortag dort, die uns heranwinkte. Ich ging ein wenig widerwillig dort hin, da wir eigentlich zügig losgehen wollten. Sofort bekam ich ein schlechtes Gewissen, als sie mir mitteilte, dass sie ihren Weg heute nicht fortsetzen würde – ihr sei die Strecke zu lang und sie müsse sich nichts mehr beweisen. Sie bot uns an, ihren Platz im Rifugio Pian de Fontana zu übernehmen, denn wir hatten bisher ja nur die beiden Schlafplätze der Hamburger übernehmen können. Mir fiel ein Stein vom Herzen. Ich wusste, ich würde wesentlich unbeschwerter wandern, wenn ich diese Sicherheit hatte. Wir mussten hoch und heilig versprechen, diesen Schlafplatz auch zu nutzen, denn sie wiederum hatte diesen Platz auch nur einem Zufall zu verdanken und musste gleiches versprechen. Ich hätte sie knutschen können. Wir bedankten uns überschwänglich und wünschten ihr alles Gute.

So drehten wir uns um und machten uns auf den Weg durch das wundervolle Tor in Herzform vor der Hütte. Es eröffnete angemessen unsere heutige Tour. Wir stiegen den Teil des Weges bergab, den wir uns gestern hochgekämpft hatten, hinein in den Sonnenaufgang.

Es ist erstaunlich, wie schnell die Müdigkeit dort draußen vergessen ist. Gut gelaunt stellten wir direkt an der ersten Weggabelung den Wegweiser auf, den irgendjemand am Vortag scheinbar umgestoßen und verdreht hatte. Verständnislos schüttelten wir über diese Verantwortungslosigkeit den Kopf und zogen weiter. Der Weg führte hinab durch schmale Stellen, auf Geröll, durch Latschenfelder, die Civettawand lag immer zu unserer Linken. Es war eine Art von Magie, zu sehen, wie die Wolkenfelder schwanden und das rot zu orange wechselte und die Wärme langsam spürbarer wurde.

Wir hatten noch nicht gefrühstückt, also ließen wir uns bald auf einem der größeren Steinbrocken nieder – besonders die Jugend verspürte scheinbar extremen Hunger. Wir packten unser Brot, Käse, Marmelade und andere Leckereien aus, die wir aus Alleghe mitgebracht hatten. Es ist faszinierend, wie grandios Essen schmeckt, nach dem man zu Hause eher nicht als Frühstück greifen würde.

Zurück zum Felsen – wir packten aus und hatten soeben die erste „Stulle" geschmiert und wollten gerade genussvoll und hungrig hineinbeißen, als wir Gebimmel von hinten hörten. Es näherte sich uns eine neugierige Kuhtruppe. Die meisten hatten bisher Angst vor uns, aber diese Einheit war äußerst selbstbewusst. Sie kam auf einem sehr schmalen Weg auf uns zu, sie hatten wahrscheinlich selbst Hunger. Die meisten bemerkten allerdings, dass frisches Berggras besser ist als Brot mit Käse – bis auf eine. Es war ein Kälbchen, das sich, all unsere Aufmerksamkeit war auf die stattlichen großen Kühe gelenkt, von hinten unbemerkt an Leonie heranschlich und ihre Zunge von hinten gen Brot ausfuhr – vollkommen unerwartet. Leonie erschrak sich so sehr, Luis und ich lachten uns kaputt. Bei ihrem ersten Versuch schimpften wir noch spaßend mit der Kuh und setzten uns empört mit unserem Rücken zu ihr. Ich bemerkte noch locker: "Die geht gleich, lasst Euch nicht stören." Dafür erntete ich von Leonie übrigens einen Blick, der nicht nur Zweifel, sondern auch eine Art innerliches Kopfschütteln mit einer Dosis Verachtung für mein Unwissen beinhaltete. Bei der zweiten und dritten Attacke machte sich Leonie umgehend daran, das Essen zeternd und schimpfend einzupacken, bedachte das Kälbchen nochmal mit nicht zu wiederholenden Worten der Jugendsprache und stapfte davon. Das wiederum schien verständnislos den Kopf zu schütteln, sich fragend, was daran so schlimm sei, mal mit einer Kuh zu teilen und zockelte davon.

Wir gingen im Marschtempo einen steilen und engen Steinweg bergab. Der nächste größere Stein schien mir für die Fortsetzung unseres Frühstücks besser geeignet zu sein. Wir setzten uns, packten aus – und die ersten Wanderer und Trail Runner kamen vorbei. Denen waren wir aufgrund der Tatsache, dass wir wahrscheinlich eine der engsten Stellen im Verlauf der Route gewählt hatten, natürlich komplett im Wege. Ein „Habe ich Dir doch gesagt, war ja klar." von meinem Sohn baute mich nicht so richtig auf. Also – wieder alles einpacken, weiter den Weg hinunter, bis sich vor uns eine wundervolle große Wiese auftat. Es waren die ehemalige Weidewiesen des verfallenen Cason di Col Rean. Von den Bergen der Dolomiten umgeben, war es eine dramatische Kulisse für unser nun endlich in Ruhe

stattfindendes Frühstück. Geht doch! An diesem Tag lachten wir noch lange über das dreiste Kalb.

Die Sonne ging auf und wir begannen, die erste Kleidungsschicht auszuziehen. Es wartete ein weiterer perfekter Sommertag in den Bergen auf uns. Wir machten uns auf, beim Blick auf die Uhr war es erst kurz vor acht Uhr morgens und ich hatte das Gefühl, dass wir schon wieder Stunden unterwegs waren. Wir gingen weiter über diese beeindruckenden Weidewiesen, vorbei an unfassbar großen Felsbrocken, die teilweise so groß wie LKWs oder Häuser waren. Wir kamen aus dem Staunen nicht mehr heraus. Man muss sich vorstellen, wie viele Jahrtausende sie schon hier lagen.

Der Weg führte weiter an der Civettawand entlang, die Sonne war nun komplett aufgegangen und zeigte uns, wozu sie fähig war. Vor uns tat sich der Torre Venezia auf, die Spitze des Pelsalkammes. Ich liebte ihn schon allein wegen seines Namens, er hatte die Faszination unseres Ziels und verdeutlichte uns, wie weit wir bereits gekommen waren. Während des Tages dachten wir nicht darüber nach, wir liefen einfach weiter. Doch in Momenten wie diesem überkam mich Glück und Stolz, denn ich bin fest davon überzeugt, dass uns so mancher Mitmensch schweigend belächelte, als wir unsere Urlaubspläne preisgaben.

Der Weg veränderte sich zu einem Fahrweg, wir durchschritten eine Schranke, die das heiß geliebte Zeichen für eine Hütte war. Nicht mehr weit und vor uns lag das Rifugio Vazzoler. Was für ein wunderbarer Ort – auch wenn der Fahrweg lustig frustrierend war. Wir hätten einfach mit dem Auto kommen können...

Vor dem Rifugio standen Bänke, geschützt unter roten Sonnenschirmen, ein Brunnen plätscherte und ich bestellte den wunderbarsten italienischen Capuccino zur Frühstücksergänzung. Es war erst 9 Uhr und wir ließen uns Zeit. Ich drehte eine kleine Runde durch den liebevoll angelegten alpinen Garten, der fast schon ein kleiner Park war und freute mich voller Spannung auf das, was dieser Tag noch bringen würde.

Wir füllten unsere Wasserflaschen noch mit frischem Bergwasser am hauseigenen Brunnen auf, nutzten die vorhandene Toilette und machten uns auf den Weg.

Leider mussten wir eine Weile den Fahrweg begehen. Das war zwar nett, da es sanft bergab ging. Aber nach den vielen einsamen Pfaden war es etwas schade, denn wir waren und über die Endlichkeit der Bergwege für uns bewusst. Mir lag das sehr schwer im Magen, ich hätte ewig weitergehen können. Meine Beiden freuten sich langsam aber auf das Ende.

Der Wanderführer beschrieb „den folgenden Abzweig in der dritten Kurve" und ich muss, während ich dieses schreibe, schon wieder lachen, wie heftig wir diskutiert haben, welches denn nun die dritte Kurve sei und welche Kurve wirklich auch als Kurve zählte. Denn alles, was bergab führt, führt eben auch irgendwann wieder bergauf. Daher wäre uns eine schnelle dritte Kehre ganz recht gewesen.

Wir fanden den Abzweig und der Weg führte in schmalen Kehren durch einen wunderschönen und schattigen Zauberwald hinauf. Die Sonnenstrahlen fielen in unserer Snackpause wunderschön durch die wenigen Lücken in den Baumkronen.

Irgendwann kamen wir an die Baumgrenze und mussten durch ein Geröllfeld. Teile des Weges in Schuttrinnen waren seilversichert, fiel der Weg doch teilweise auf einer Seite steil ab. Ich betrachtete Seilversicherungen, die ich vor unserer Tour eher als Teil eines bedrohlichen Weges gesehen hatte, den ich niemals gehen würde, mittlerweile als meinen Freund, durch den ich in Gebiete gelangen konnte, die ich sonst niemals erreicht hätte. Gleichzeitig bedeutete es ein wenig Abenteuer und Spannung. Ich freute mich jedes Mal, wenn eines dieser Seile sichtbar wurde - so auch hier. Etwas beunruhigender war das Grollen am Himmel und die sich verdunkelnden Wolken. Ein Gewitter, das stattfindet, während wir an einer Seilversicherung spazieren gingen, war nicht das, was ich mir für uns wünschte. Ich hörte auf, mir Gedanken darüber zu machen, auf welchem Berg ich gerade herumturnte, wie die Berge um mich herum hießen und wie der Name der Forcella war, die ich gerade überstieg.

Im Nachhinein ist mir klar, dass ich zwischen den Moiazza-Wänden und dem Col dell'Orso war und ich sah durchaus, dass dieser Abschnitt sehr beeindruckend war. Aber wir zügelten unser Tempo nicht, denn keiner wollte an der Wand weder im Regen und der damit einhergehenden Glätte oder und erst recht nicht im

Gewitter hängen. Also, Sporen an und weitergaloppieren.

Etwas erleichterter war ich, als wir trockenen Fußes die Forcella del Camp erreichten und nur noch ein kurzes Geröllstück vor dem heutigen Ziel, dem Rifugio Bruto Carrestiatio zu bewältigen hatten. Es begann leicht zu regnen, das Grollen hielt an. Wir behielten das Tempo bei, das definitiv jenseits unserer Komfortzone lag. Es ging ein letztes Stück durch den stärker werdenden Regen hinauf zur Hütte. Sie konnte nicht mehr weit sein, aber wir hatten festgestellt, dass die Anzahl der „Plopp-Hütten", unser Tourbegriff für die Hütten, die aus dem Nichts auftauchten, schwindend gering war. Der Geröllpfad ging bergan und indem die Augen über die letzte Kante lugen konnten, rief Luis mir ein begeistertes „PLOPPPPP!!!!!" hinab. Ich war so erleichtert, da lag sie direkt vor uns, wir waren da. Keine Regenjacke, keine Ausrutscher, kein herabfallendes Geröll, wir hatten das Tagesziel sicher erreicht. Dazu war es eine der schönsten Arten, anzukommen – nämlich gänzlich unverhofft.

Die Krönung dieses wunderschönen Tages war das Familienzimmer in der Hütte. Wir hatten tatsächlich ein Zimmer nur für uns, mit Bettwäsche und unglaublichem Blick auf die Felswand, an der wir eben noch entlanggehastet waren. Die heiße Dusche war himmlisch, besonders beim Blick nach draußen. Es goss mittlerweile wie aus Eimern und wir mussten nichts mehr machen, nur noch auf das Essen warten. Das war für uns Luxus, kein Pool der Welt kann jemals das Gefühl bringen, dass ein warmes Essen nach einer warmen Dusche bei einem müden Körper nach einem Sporttag in den Bergen auslöst.

TAG 19 – RIFUGIO BRUTO CARESTIATO – RIFUGIO PIAN DE FONTANA

14.08.2018

Angegebene Zeit: 8 Std., tatsächliche Zeit: 8 Std.

Am Morgen frühstückten wir kurzerhand in unserem „Privatzimmer", bevor wir packten. Kuhbegegnungen waren für heute somit ausgeschlossen. Wir hockten uns auf unsere Betten und hatten ein kurzes, aber vollkommen ausreichendes Frühstück, bevor wir recht früh nach dem Packen loszogen. Beim Blick auf die Wolken am Horizont war das in unseren Augen auch die einzig wahre Entscheidung. Es war am Nachmittag Regen und möglicherweise auch ein Gewitter vorausgesagt und wir wollten vorher am Rifugio Pian den Fontana sein. An diesem Morgen war die Weitsicht einfach wunderbar, am Horizont ließ sich die Ebene schon vermuten und die Schiara war von hier aus zu sehen. Sie war die letzte Herausforderung für Klettererfahrene, bevor sie die Berge verließen. Für uns kam das nicht in Frage.

Nach kurzem Abstieg zum Passo Duran, der eine teilweise lustige Rutschpartie darstellte, denn durch den Regen am Vortag war der Weg im Matsch tatsächlich nur zu rutschen, liefen wir auf eine trotz Fahrstraße idyllisch gelegene Hütte zu. Davor spielte ein Eseljunges mit der Mama, wir konnten gar nicht genug davon bekommen. Wir wollten unsere Stuttgarter Freunde abholen, die noch nicht ganz bereit waren. So kam ich noch in den Genuss eines köstlichen italienischen Kaffees, die Kinder aalten sich in einer heißen Schokolade, die hier in Italien wörtlich genommen wird. Ich dachte, ich hätte mich verhört, als beide mitteilten, dass sie es nicht schaffen konnten. Erstaunt kam ich zu dem freudigen Schluss, dass es somit keiner dieser „ich-hab-schon-wieder-Hunger-Tage" würde. Ein guter Start.

Noch ein kurzer Blick auf den verspielten kleinen Esel und los ging es für diesen Tag. Zum ersten Mal seit drei Wochen strahlte am Morgen nicht die Sonne. Ein kurzes Stück wanderten wir zum Aufwärmen hinab entlang der Fahrstraße des Passo Duran, dann bogen wir links ab in einen wunderschönen Wald, es ging steil hinauf.

Irgendwo an einem Geröllfeld machten wir eine Pause in der Sonne, solange diese noch schien. Der Regen war definitiv vorhergesagt und anhand der aufziehenden Wolken auch offensichtlich. Am späten Vormittag mussten wir also tatsächlich das erste Mal seit unserem Start am Bahnhof in Lenggries unsere Regenjacken hervorwühlen, unser internes Familienvorhaben, die Regenjacke und -hose bis Venedig nicht zu benutzen, war nicht mehr einzuhalten. Aber die Tatsache, dass es wirklich das erste Mal war, war an sich unglaublich bei einer so langen Alpentour.

Immer wieder mussten wir an diesem Tag auf die Civettawand zurückblicken, sowie auch die immer wieder beeindruckenden Bergmassive, die wir bereits überschritten hatten.

Der kleine Schauer war schnell vorbei und die unangenehme Nässe von innen ließ Luis und mich unsere Regenjacken sofort wieder verstauen. Wir hatten zu diesem Zeitpunkt keine Ahnung, was noch auf uns zukommen würde.

Die Pause an der Malga Molschesin war nötig. Wir ließen uns auf der Bank davor nieder, denn wir waren recht hungrig. Der Brunnen war die einzige Möglichkeit, den Wasservorrat noch einmal aufzufüllen, es sei denn, wir würden uns für einen Umweg über das Rifugio Pramperet entscheiden. Dafür gab es aber aus unserer Sicht keinen Grund.

Die Molschesin-Schutzhütte ist als Biwakoption aufgeführt. Wir öffneten neugierig die Tür. Sie öffnete sich knarzend. Die Sonne schien durch die Bretterspalten und das Licht fiel nur vage ins Innere der Hütte. Die Staubteilchen spielten im Lichtkegel. Überall lag Müll und es roch streng. Wenn es hier spukte, würde mich das nicht wundern. Wir fanden uralte, vormals als Betten definierbare, verrostete Bettgestelle vor. Ich möchte nicht wissen, was dort in der Nacht krabbelte und wir waren sehr froh, unseren sicheren Platz im Rifugio Pian de Fontana zu haben. Ein kurzer Gang hinter die Hütte bestätigte das. Wir waren nicht die ersten, die eine uneinsichtige Stelle für einen kurzen Natur-Toilettenbesuch suchten. Das hier war sehr eklig.

Schon bald setzten wir unseren Weg über die Forcella de Molschesin fort, von wo aus wir einen herrlichen Blick in Richtung Pramperet hatten. Die Wolken über uns zogen sich bedrohlich zusammen und wir mussten uns entscheiden, ob wir eine Pause einlegen wollten oder den Weg wagten. Wir entschieden uns für letzteres, denn die Wolken sahen auch vorher schon so aus und das Ergebnis war vorhin ein kleiner Schauer, den wir für den vorhergesagten Regen hielten.

Ab diesem Zeitpunkt erinnere ich mich nicht mehr an Details der Umgebung, sie verschwanden unter den Wolken. Es ging recht zügig bergauf, im Nebel der ersten Wolke begann es zu nieseln. Luis und ich hielten es naiverweise noch immer für einen kleinen Regenguss und tauschten weiterhin nicht unsere wasserabweisende Softshelljacke gegen die Regenjacke. Ich frage mich bis heute, was für ein Teufel uns in diesem Moment geritten hat.

Leonie hingegen, von Natur aus viel vorsichtiger, stoppte und sorgte vor. Regenjacke an, Regenhose an, Rucksack verzurrt.

Da begann es auch schon zu schütten und bevor wir uns versahen, waren wir auch schon komplett durchnässt. Es gab keinen Felsvorsprung als Schutz oder als Möglichkeit, die Jacke noch hervorzuholen, wir standen in einer rasenden Geschwindigkeit inmitten des heftigsten Regens meines Lebens. Da wir glaubten, an der oben auftauchenden Portella di Pezedei auf mittlerweile 2097 Metern (das musste ich erst nachher nachlesen) den höchsten Punkt erreicht zu haben, beeilten wir uns. Dort angekommen wurden wir erneut eines Besseren belehrt. Der Weg führte immer weiter hinauf, über ein sich in unsere Richtung leicht abfallendes Plateau, von dem mittlerweile das Wasser so heftig hinab- und uns entgegenlief, dass es extrem rutschig geworden war und uns ganze Bäche entgegenrauschten. Das Wasser floss von oben und von unten in die Schuhe, sie wurden immer schwerer. Nach einer Weile hatte ich das Gefühl, auf dem Mond zu laufen. Ja, so musste es sich anfühlen. Meine Füße schienen von einem Magneten am Berg festgehalten zu werden. Es kostete mich unglaubliche Kraft, einen Fuß vor den anderen zu setzen und bald lag ich in der Gruppe von sieben weit hinten. Weiter oben sah ich andere Wanderer laufen und bildete mir einfach ein, sie gingen eine andere Strecke und dort müsse ich nicht her. Das war natürlich Unsinn.

Langsam kroch die Kälte in meine Finger, es wurde eiskalt und der Regen wandelte sich in Hagel. Ich dachte an die Gefahr, in die ich meine beiden Kinder gebracht hatte und versuchte, nicht darüber nachzudenken. Nicht jetzt. War dieses tatsächlich die Teilstrecke, auf der man die atemberaubendste Sicht auf die Dolomiten haben sollte und auf der fast zahme Gamsherden in Massen herumliefen und auf die ich mich so gefreut hatte?

Die Bäche hörten nicht auf und der Weg zog sich nach links hinauf auf einen schmalen Grat – ohne Sicherung. Ich konnte es nicht glauben, aber ich war gerade dabei, mit meinen Kindern bei Hagel, Wind und bis auf die Knochen nass einen ungesicherten Grat hinaufzukraxeln, der schon bei Sonnenschein anspruchsvoll war. Ich konzentrierte mich nur noch darauf, nicht darüber nachzudenken und behielt meine Kinder vor mir im Auge, sofern ich hintenan und teilweise, wie alle anderen auch, auf allen Vieren langsam nach oben stieg. Meine Hände waren mittlerweile taub und mir war bitterkalt. Selbst die vielen Edelweiß, die hier wuchsen, konnten mich nicht ansatzweise milder stimmen. Ich war auf dem Teilstück, das ich mir eben noch ausgeredet hatte.

Oben angekommen traf mich der Donnerschlag. Ich konnte es nicht glauben, wir waren oben. Wir hatten kaum Zeit zu realisieren, was soeben passiert war. Soeben – ich bin nicht in der Lage, die Dauer des Aufstiegs zu schätzen, es fühlte sich an wie eine halbe Stunde, es war aber sicherlich länger.

Wir alle wollten so schnell wie möglich vom Berg hinab zur Hütte. Ich bestand darauf, dass wir drei uns schnell ein etwas geschützteres Eckchen suchten, entfernten uns von dem gefährlichen Grat und in Windeseile zog ich im noch leichten Regen alles aus und suchte mir notdürftig die trockenen Sachen aus dem Rucksack. Handschuhe, Socken, Unterwäsche, alles, was er ausspuckte. Luis weigerte sich zunächst, doch letztendlich gewann auch sein Körper über seinen Kopf und er tat das gleiche.

Leonie sah mich nur an, zog ihre Socken über ihre auch gefrorenen Hände und kommentierte: "Ich geh schon mal vor, ich will einfach nur runter". Mir war bewusst, dass sie dazu mehr als in der Lage war und ich kannte den Ton in ihrer Stimme. Er bedeutete wilde Entschlossenheit und duldete keine Widerrede. Ich ließ sie zusammen mit einer anderen Wanderkollegin ziehen. Wir folgten ebenfalls kurz darauf und eilten hinab. Der Regen verzog sich auf dieser Seite des Berges und es tat sich eine atemberaubende Aussicht auf die Dolomiten auf. Beim Blick zurück sah man nur die Wolken, die nicht ahnen ließen, was 100 Meter weiter für ein Weltuntergang stattfand.

Wir trabten den steilen Weg durch Wiesen abwärts, es erschien uns wie ein Rennen. Hier war weiterhin Vorsicht geboten, denn der äußerst schmale Weg, der durch Geröll und enge Serpentinen einige trickreiche Stellen hatte, war durch den Weltuntergang komplett matschig und rutschig. Ironischerweise stand warnend im Wanderführer, dass man diesen Weg bei Nässe möglichst nicht begehen sollte. Soviel dazu… Auch bei dem Schild, das auf dem Weg aufgestellt war und ungeübte Wanderer vor dem steilen Weg warnte, bildete ich mir ein, dass das nur für aufsteigende Wanderer sei. Das gab mir ein besseres Gefühl. Die ganze Wegbeschreibung dieses Wegabschnitts, die ich nachher las, erschien mir die Beschreibung eines komplett anderen Teils der Dolomiten. Wir hatten beim Aufstieg einfach dauerhaft den Kopf gesenkt und ich hangelte mich von Markierung zu Markierung.

Ich weiß nicht mehr, wie lange es dauerte, bis wir die Hütte sahen und letztendlich auch dort ankamen. Sie lag idyllisch und, als ob sie kein Wässerchen trüben konnte, in einer sanften Bergmulde. Der Blick reichte bis zur Schiara, die einige morgen als krönenden Abschluss überqueren würden. Friedlich saß ein Schäfer mit seiner Herde am Berg, sie blökten ruhig vor sich hin. Es schien, als hätten wir gerade das Tor zu einer anderen Welt durchlaufen.

Ich weiß nur, dass ich die Dame von der Tissihütte heute als Engel empfinde. Die Vorstellung, nach diesem Tag noch weitere zwei Stunden bis zum Rifugio Bianchet weiterlaufen zu müssen, erschien mir in diesem Moment unvorstellbar.

Wir zogen sofort unsere Schuhe aus und ich stellte fest, dass ich tatsächlich in Pfützen gelaufen war. Die letzten Sonnenstrahlen versuchten wir zu nutzen, indem wir die normalerweise schnell trocknenden Schuhe genau dorthinein legten. Alles, was möglich war, wurde von uns über die Brüstung gehängt. Bei ausgebuchter Hütte war das nicht wenig und in kurzer Zeit war die Brüstung mit Socken, Hemden und Hosen dekoriert. Da aber die Sonne schon fast hinter den Bergen verschwunden war, und wir durchgefroren waren, verschwanden wir alle schnell in den warmen Raum, in dem der Kamin angefeuert war und freuten uns auf ein heißes Getränk.

Vor uns standen die besten Kuchen mit dem besten Tee der Welt! Wir konnten nicht genug bekommen, die Kälte war dermaßen in unsere Knochen gekrochen. Zu unserem Leidwesen gab es nur kalte Duschen und ja, ich gebe es zu, dieses war der heftigste, nasseste, angsteinflößendste und unheimlichste Wandertag der gesamten Tour gewesen und NEIN, ich duschte nicht! Ich konnte mich unter keinen Umständen wieder unter kaltes Wasser stellen, das erschien mir nach diesem Tag absurd und rein physisch unmöglich.

Im Nachhinein las ich nach, dass wir innerhalb kürzester Zeit fast 600 Höhenmeter in einem heftigen Unwetter hinter uns gebracht hatten. Es war ein bisschen unglaublich.

Die Kinder und ich entschieden uns für Tee, eine Riesenportion Abendessen und ein frühes Bett. Als wir die Gaststube in Richtung Bett verließen, bemerkten wir, dass unsere Schuhe im Eingang standen und tatsächlich jemand Zeitung hineingestopft hatte. Eine Riesenumarmung für die liebste Hüttenwirtin, die das für uns getan hat. Die Schuhe waren olfaktorisch nicht prädestiniert für eine freiwillige Sonderbehandlung. Einer der Trail Angels des Traumpfades. Forcella und Cime de Zita Sud wird bei uns ewig ein Schlagwort bleiben, da bin ich mir sicher.

Übrigens, noch heute macht mir kein Regen mehr etwas aus und ich schmunzle innerlich über alle, die bei einem kleinen Schauer einen Schirm aufmachen. Ich sehe uns sofort im Unwetter den Weg hinaufstapfen und habe gewisse Partien sofort vor den Augen.

Als ich ins Bett stieg, kletterte ich über Leonie hinweg und musste so lachen. Sie hatte ihre ganzen Socken, Hemden, Wäsche, einfach alles, was nass war (und das war viel), am Metallgestänge ihres Bettes zum Trocknen drapiert und grinste mich wortlos an. Es war ein herrlicher Anblick. Sie ist und bleibt die Kreativste von uns Dreien.

Es war unsere letzte Nacht in den Alpen, ich konnte es nicht fassen. Ein dramatischeres Ende hätte es nicht sein können. Eigentlich hätte es der Tag einer dramatischen Aussicht werden sollen, eine der dramatischsten der gesamten Tour. Wir benutzen den Begriff einfach auf andere Weise. Es sollte so sein.

Unser Vorhaben, die Alpen ohne Regen zu durchqueren, war zunichte gemacht worden, der letzte Blick zurück war uns genommen worden und eine letzte Rast in der Ruhe der Natur war unmöglich gewesen. Vielleicht war das gut so, es wäre sonst ein herzzerreißender Abschied geworden. Mich hielt der Gedanke daran, dass wir unsere Hamburger Freunde in Belluno wiedersehen würden und daran, dass wir noch auf den Nevegal steigen würden, aufrecht. Ich wollte mich noch nicht verabschieden, wie gesagt, ich hätte unendlich weiterlaufen können – ungeachtet des heutigen Tages.

Es waren Erlebnisse wie diese, die uns zusammenhalten ließen und über die wir später gemeinsam lachen würden und nur wir drei würden wissen, wie es wirklich war und wie es sich wirklich angefühlt hat. Ich war an diesem Abend so stolz auf uns und besonders auf meine Beiden und wusste, dass keiner von uns diese vier Wochen, aber speziell auch diesen Tag, niemals, niemals vergessen würde.

TAG 19 - RIFUGIO PIAN DE FONTANA - BELLUNO

15.08.2018

Angegebene Zeit: 3 Std. 45, tatsächliche Zeit: 4 Std. 15

Heute hieß es Abschied von den Bergen zu nehmen. Ich wurde sehr melancholisch, denn irgendwie hatte ich von dem Abenteuer noch nicht genug. Dennoch, der Gedanke, das Ziel Venedig zu erreichen, war selbstverständlich sehr motivierend und ließ mich am Morgen gut gelaunt in die NOCH NASSEN SCHUHE STEIGEN! Ich glaube, dass es auf einer Wanderung nur wenig fiesere Momente gibt. Es war mein persönliches Lowlight der Wanderung. Dieser Moment, in dem der feuchte Schweiß durch die Socken auf die Haut gelangt

– einfach superekelig. Als sie dann angewärmt waren, ging es irgendwie, musste es ja auch. Ebenfalls die Gewißheit, dass diese Schuhe nun definitiv auf meinen Fuß angepasst waren, ließ mich schmunzeln.

Also, Rucksack auf, Zähne zusammenbeißen und Abmarsch. Los ging es leichtfüßig bergab, um dann – Überraschung – wieder bergauf zu gehen. Durch einen wunderschönen und vor allem schattigen Wald stiegen wir auf bis auf das Plateau Forcella La Varetta. Der Blick ging immer wieder zurück auf unser Nachtlager und wir staunten erneut, wie schnell man zu Fuß Höhen und Strecken zurücklegt.

Zeit für ein Abschiedsfoto in den Bergen – dieser Tag war anders als die vergangenen 18 Tage. Es fühlte sich so an, als müsste ich einen Weg gehen, den ich nicht gehen wollte und mich ein imaginäres Gummiband eigentlich halten wollte.

Wir hatten die Schiara nach vorne immer im Blick und das Wetter gab zum Abschied nochmal sein allerbestes. Vom Unwetter des Vortages war nichts, aber auch gar nichts mehr zu erkennen. Außer den nassen Schuhen, zur Krönung hatte ich meine noch nassen Socken und ein paar weitere nasse Teile an meinen Rucksack gehängt – manueller Wäschetrockner – free of charge.

Entlang der Flanke des Cime de la Scala marschierten wir noch ein letztes Mal auf schmalem Pfad entlang eines Geröllfeldes, das auf der rechten Seite gefährlich steil hinabstürzte. Ein letztes Mal konzentrieren, ein letztes Mal fluchen, ein letztes Mal die Ruhe der Berge genießen, ein letztes Mal die Kraft der Natur und der Berge spüren. Heute gab es viele letzte Male. Der Blick auf die Schiara und nun auch den kompletten Monte Pelf war beeindruckend. Ich hätte weinen können, ich wollte, dass es nie enden würde. Meine Kinder waren wahrscheinlich eher freudig gestimmt, aber ich konnte und wollte nicht so viel sprechen.

Wir kamen an die Weggabelung, an der sich die Kletterer von den Wanderern verabschieden - links zum Klettern, rechts zum Abstieg.

Wir hielten uns rechts, klettern kam für uns, wie gesagt, nicht in Frage. Also rechts herum, bergab bis zum Rifugio Bianchet, das eigentlich unser Etappenende gewesen wäre, hätten wir die Dame im Rifugio Tissi nicht getroffen.

Das Rifugio Bianchet befindet sich schon nur noch auf 1250 Metern. Wir hielten an, die Hütte lag so schön in der Sonne, dass wir einer kurzen Rast nicht widerstehen konnten. Zu viel Zeit hatten wir leider nicht, das realisierten wir, als uns die Hüttenwirtin die Abfahrtzeit des Busses mitteilte.

Auf dem Fahrweg entlang in Serpentinen hinab, durch Wald und nicht mehr über Geröll ging es in Richtung Belluno. Wir entdeckten immer wieder wilde Alpenveilchen, die uns zum Abschied zuzunicken schienen. Ich nahm sie im Kopf als letztes Zeichen der Einsamkeit mit.

Die Kinder und ich gingen quatschend in unserer kleinen Truppe voran, fast verpassten wir das kleine hölzerne Schild, auf dem Bus Belluno stand und den Miniweg nach links anzeigte. Die letzten Meter hinab, der Wald spuckte uns auf die Straße nach Belluno aus. Wir waren endgültig wieder zurück in der Zivilisation. Schon die ersten, in italienischer Geschwindigkeit vorbeirauschenden Autos nervten mich. Wozu die Eile?

Ich war ein bisschen sprachlos. Wir hatten soeben die Alpen überquert. Wir hatten es geschafft. Es musste noch sacken. Wir würden Venedig in ein paar Tagen erreichen. Ich hätte weinen können vor Stolz. Meine Kinder und ich hatten tatsächlich durch dick und dünn die Alpen zusammen in knapp drei Wochen durchwandert. Unfassbar, unglaublich, ein kleines Wunder.

An der Bedarfshaltestelle 300 Meter weiter setzten wir uns in den Schatten, betrachteten die Überbleibsel der Wanderer, die vor uns scheinbar ebenfalls auf den Bus gewartet hatten und ganz offensichtlich die Zeit für Snacks genutzt hatten.

Der Bus kam, wir setzten uns zu den anderen Wanderern und ich fragte mich, ob man uns ansehen konnte, dass wir gerade nach drei Wochen aus Bayern hier angekommen waren. Ich lächelte innerlich ein wenig und kam mir sehr verwegen vor.

Luis, unser Navigator, übernahm das Austüfteln der Haltestelle für unsere Unterkunft. Ich entspannte mich. Er verfolgte die Route per Google Maps und schon bald gab er das Zeichen zum Ausstieg.

Er hatte eine Pension mit Pool gebucht, wir waren gespannt, was das war. Der Preis ließ vermuten, dass es kein Luxushotel sein konnte. Noch ein wenig bergab auf der Straße liefen wir über einen kleinen Bach und da lag links auch schon unsere Unterkunft. Voller Erwartung klingelten wir und es öffnete - niemand. Es war erst früher Nachmittag und nichts hätte uns jetzt so glücklich gemacht, wie eine warme Dusche und saubere bzw. trockene Klamotten und Schuhe.

Wir hatten leider nicht beachtet, dass man vor 17 Uhr nicht einchecken konnte. Der Pool entpuppte sich als

Bademöglichkeit in dem eiskalten Bach. Ich fand das sehr lustig und kreativ von den Inhabern. Es war toll, die Schuhe ausziehen zu können, sie inklusive der Socken in die Sonne zu legen und das kalte Wasser an den Füßen zu spüren. Doch es war genauso großartig, bei den Inhabern beim Einchecken um 17 Uhr den ersten Cappuccino zu trinken. Die Liebenswürdigkeit dieses Paares war beeindruckend. Sie waren so bemüht, es uns schön zu machen.

Die Dusche war ein Traum und war gefühlt die längste in den bisherigen 3 Wochen. Aber ich glaube mittlerweile, dass ich das bei jeder einzelnen, nicht zeitlich limitierten Dusche dachte. Der vorherige Tag lag uns noch in den Knochen, in den Klamotten – und eben auf der Haut. Eine halbe Ewigkeit dauerte es, bis wir alles ausgewaschen hatten. Wir hatten einen wunderschönen großen Balkon, auf dem wir nach und nach alles zum Trocknen auslegten. Von Antonio lernte ich nun, dass es die Unart der deutschen Wanderer sei, Klamotten über den Balkon zu hängen und die Italiener dieses komplett verabscheuten. Antonio bat uns, davon abzusehen, da es für Italiener sehr stillos sei. Also hatten wir in kürzester Zeit kaum noch die Möglichkeit auf den Balkon zu treten und tänzelten zwischen flach auf dem Boden liegenden Socken, Shirts und Schuhen umher.

Wir nutzten die letzten 50 Quadratzentimeter dafür, einen Blick von hier auf die Berge zu werfen. Dabei blieb uns der Atem fast stecken. Wir sahen die andere Seite des Monte Pelf, die Schiara, und den Berg, auf dem wir vorhin noch standen. Es war traumhaft schön. Was für eine Aussicht! Hier unten am Fuße der Berge wurden wir demütig.

Nach einer halben Ewigkeit genossen wir dann endlich in (trockenen) Flipflops den Weg in die Altstadt. Was für ein herrliches Gefühl der Freiheit an den Füßen! Luis navigierte uns zu dem Restaurant, in dem wir uns mit unseren Hamburger Freunden zum Abendessen verabredet hatten. Ich spürte erneut ein Ziehen im Magen, es war das letzte Mal, dass wir die beiden sahen. Für sie endete die Wanderung hier und ich freute mich so sehr auf sie.

Belluno ist eine äußerst schöne Stadt, aber das Sightseeing musste warten. Wir trafen uns hungrig in einer Pizzeria und es gab ein großes Hallo. Die zwei hatten sich in der Zwischenzeit Venedig angesehen und so erzählten wir uns die Erlebnisse der vergangenen drei Tage. Es ging beiden wieder prima, aber die Entscheidung, in Alleghe abzubrechen, war scheinbar die richtige gewesen.

Lustigerweise stießen auch die beiden Berlinerinnen dazu, die in dem Hotel, zu dem die Pizzeria gehörte, übernachteten. Immer passierten uns solche Zufälle. Der Abend war wunderschön und voller Erzählungen. Wir nahmen uns nach dem Essen noch die Zeit, ein bisschen durch Belluno zu schlendern. Irgendwie war es der verzweifelte Versuch, den Abschied noch ein wenig hinauszuzögern. Doch es war nicht zu vermeiden. Ein letztes Mal umarmen und ein letztes Mal das Wiedersehen versprechen. So bogen wir rechts, sie links ab. Ein Teil der Reise ging schon hier mit diesem Abschied zu Ende. Ziemlich geknickt gingen wir zu unserer Unterkunft zurück. (An dieser Stelle sei erwähnt, dass dieses Treffen tatsächlich seitdem mehrfach stattgefunden hat.)

In unserem Zimmer betrachtete Luis andächtig die von Venedig aufgehängten Bilder und sagte plötzlich aus dem Nichts: „Guckt mal, da sind wir in ein paar Tagen!" Als er sich umdrehte, strahlte er über das ganze Gesicht.

TAG 20 – BELLUNO – RIFUGIO COL DE VISENTIN

16.08.2018

Angegebene Zeit: 5 Std. 30, tatsächliche Zeit: 8 Std.

Diesen Tag begannen wir stilecht: im Supermarkt! Es galt sich einzudecken für den letzten Aufstieg, aber vorher musste noch ein Eis zum Abschied her. Das italienische Eis vor Ort ist absolut kein Vergleich zu dem zu Hause. Eis zum Frühstücksnachtisch – herrlich.

Unser heutiges Ziel war das Rifugio Col de Visentin, das wohl skurrilste landschaftliche Denkmal auf dieser Tour. Schon aus der Ferne dachte ich mir, dass ich möglicherweise vor lauter Strahlung kaum Schlaf finden würde, denn die Bergkuppe ist übersäht mit Antennen und Masten, dass man meine könnte, die NASA habe hier ihre Zentrale.

Es ging passend sehr modern in den Tag: Wir fuhren eine unglaublich lange Rolltreppe im Rathaus hinab zum Piave, dem wir in zwei Tagen noch lange folgen würden. Es ging über die Ponte della Vittoria würdig unter den Argusaugen der Statuen her, aus der Stadt hinaus.

Den Weg fanden wir schnell, es ging durch die Vorstadt stetig bergauf. Die Hitze kam bald, es gab nur wenig Schatten. Die Vorstadt glich allen anderen Orten. Kleine Einfamilienhäuser, hier und da eine Bar, ein Friseur oder eine Tankstelle, gepflegte Vorgärten. Am späten Vormittag jedoch schien es in der Hitze wie ausgestorben zu sein. Außer uns war niemand so verrückt, sich draußen aufzuhalten. Wir hofften auf baldiges Eintauchen in den Wald.

Bis dahin entschädigte uns aber der Blick zurück auf Belluno – wunderschön gelegen an den Füßen der Dolomiten. Die Schiara, Monte Pelf, die Berge, auf denen wir vorgestern und gestern noch herumturnten, waren nun schon wieder in weiter Ferne. Der Blick faszinierte uns, wir konnten so viele Berge mit Namen benennen. Es war unfassbar.

Nach ungefähr zwei Stunden, sofern mich meine Erinnerung nicht ganz täuscht, wurde der Wunsch erfüllt und die Bäume spendeten uns Schatten. Zum Abschied schienen sich noch ein paar weitere wilde

Alpenveilchen am Weg kurz zu verneigen, bevor sie uns in Richtung letzten Gipfel und dann endgültig in die Zivilisation entließen. Der Weg war schön, aber vergleichsweise unspektakulär. Wir merkten, dass wir schon von den Alpen etwas verwöhnt waren.

Wir gingen an einem kleinen Ferienörtchen mit Apartmenthäusern vorbei, einem Skilift entlang, die Piste zeigte uns den Weg. Ein Spielplatz, Familien und andere Tagesausflügler waren nicht unser Freund und wir gingen zügig weiter bergauf, weg vom bunten Treiben. Dieser Berg war das Gegenteil von den einsamen Alpen, in denen man teilweise stundenlang niemanden traf, nun gut, zumindest außerhalb der Dolomiten. Wir kamen an einem Wegpunkt an, an dem eine der typischen Après-Skihütten stand. So zuwider mir das gerade war, so motivierend war der Anblick der ersten venezianischen Flagge, die davor wehte. Hier wurde es das erste Mal sichtbar, dass unser Ziel nicht mehr weit war. Ich machte so viele Bilder davon, dass meine Kinder ungeduldig zum Weitermarsch riefen. Eigentlich war das mein Job.

Also, weiter ging es auf einem Fahrweg, der kein Ende zu nehmen schien. Irgendwann verglichen wir den Weg mit dem Wanderführer und mussten feststellen, dass es sich rein gar nicht mehr ähnelte. Irgendwo mussten wir falsch abgebogen sein, das konnte nur an der für mich so faszinierenden Flagge gewesen sein. Aber der Weg zurück war ziemlich weit und wir hatten auch schon wieder beachtliche Höhenmeter zurückgelegt. Ich opferte mich also für die Auskundschaftung einer groben Wanderkarte. Darauf sah ich, dass man natürlich auch unseren Weg fortsetzten konnte, allerdings hätten wir später dann so gut wie senkrecht hinauflaufen müssen. Das kam bei der Hitze und der schon recht langen Strecke nicht in Frage. Ich holte die anderen, wir berieten uns. Das Resultat daraus war, dass wir den Weg direkt neben dem Schild in den Wald nahmen, der ebenfalls recht steil bergan verlief, jedoch war die Steigung kürzer. Kurz und knackig war genau unsere Devise und nach kurzer Zeit erreichten wir eine Lichtung. Wir waren leicht desorientiert, aber es war irgendwie auch amüsant, denn es gab zum ersten Mal ja nur diesen einen Berg, verlaufen konnte man sich also nicht. Nach oben war definitiv richtig, darüber musste ich nach all den vielen Kilometern lachen. Ich fand es herrlich. Wir liefen zu einer wunderschön gelegenen Hütte, der nette Wirt beschrieb in broken English die grobe Richtung und zwischen Kühen, unter Liften und auf Skipisten fanden wir irgendwie den richtigen Weg bis auf den Grat. Ob es der kürzeste Weg war? Nein, eher nicht. Aber es war definitiv lustig und zum Abschied auch nochmal ein richtig anstrengender Aufstieg.

Auf dem Grat jedoch stockte mir der Atem. Wir befanden uns auf der großartigsten Aussichtsplattform meines Lebens wieder. Ich bekam Gänsehaut. An diesem wunderschönen Nachmittag schenkte uns der

Himmel nach Norden hin den Blick auf die gesamten Alpen – sie reichten bis zum Horizont und waren umrahmt von stahlblauem und wolkenlosen Himmel.

Fast hatte ich das Gefühl, man könne bestimmt bis München sehen. Es schien schier unglaublich.

Nach Süden, und das war es, was uns letztendlich umwarf, war die freie Sicht bis zur Lagune von Venedig. Links lag Venedig, rechts die Alpen, dazwischen die Piaveebene, die wir ab morgen vier Tage lang durchqueren würden.

Diese Weitsicht, dieses Gefühl, dieser Stolz, der Schweiß, der Willen, die Tiefen, die Höhen, das alles kam in diesem Moment hoch. Vor unseren Augen lag im Grunde unser gesamter Weg. Es ist schwer, diesen Moment zu beschreiben, dafür gibt es keine angemessenen Worte.

Wir ließen uns Zeit, das Rifugio zu erreichen. Es sah mit seinen unzähligen Antennen nicht sonderlich attraktiv aus und wir konnten uns an dem Ausblick nicht sattsehen. So stapften wir gemütlich in Richtung Essen und Bett, machten unzählige Bilder und kamen aus dem Staunen nicht mehr heraus.

Am Fuße des Berges sahen wir die Autobahn in Richtung Venedig eilen.

Wir waren die letzten angemeldeten Gäste, die am Rifugio ankamen. Der Vorteil war, dass wir direkt nach der Dusche, die dringend vonnöten war, essen konnten – kein Schnickschnack. Die Wäsche baumelte vor der wunderschönsten Kulisse der Reise und die Sonne gab ihr allerbestes, um noch einmal am Horizont mit dem größten Spektakel unterzugehen. Der Himmel leuchtete in allen Rottönen und wir konnten uns nicht sattsehen an dem 360-Grad-Blick. Einen schöneren und spektakuläreren Abschied konnte es kaum geben. Was für ein Gänsehautmoment!

TAG 21 – RIFUGIO COL DE VISENTIN – TARZO/ LE NOCI

17.08.2018

Angegebene Zeit: 5 Std. 25, tatsächliche Zeit: 9 Std.

Nach einem späten Frühstück (wir waren wieder einmal die letzten) nahmen wir nun endgültig Abschied von den Bergen und der Höhe. Der Wind wehte noch kühl unter den Antennen her und ich konnte nicht anders als mich einfach nur hinstellen und auf die Bergketten zu sehen. Dank der modernen Technik identifizierte ich eine Bergspitze nach der anderen und zu vielen fiel mir plötzlich eine Geschichte ein. Das war vor drei Wochen noch nicht der Fall. Wir hatten alle unterwegs betrachtet, in der Ferne gesehen, sehr viele überschritten und das schnelle Vorankommen zwischen den einzelnen Bergketten ungläubig wahrgenommen. Vor drei Wochen hatte ich noch Sorge, ob wir es schaffen würden, dass etwas passieren könnte, dass wir in Gewitter oder Sturm geraten würden, dass uns, was auch immer, aufhalten könnte oder uns zum Umkehren zwingen würde.

Jetzt stand ich hier drei Wochen später und konnte mich nicht lösen. Am liebsten wäre ich den Weg wieder zurückgegangen. Zu viele Erlebnisse lagen in dem, was sich vor meinen Augen auftat. Ich war sogar so melancholisch, dass ich mich innerlich von dem liebevoll gepflanzten Edelweiß vor dem Rifugio verabschiedete. Zum Glück konnte das keiner hören. Ich konnte mich nicht trennen und lief erst los, als alle anderen schon abmarschbereit die ersten Meter bergab gelaufen waren und mich riefen. Ich gab mir einen Ruck.

Der Blick nach Süden tröstete mich ein wenig - noch ein paar Tage und unser Ziel war erreicht. Unvorstellbar, dass man die sich vor meinen Augen ausbreitende Distanz in 3-4 Tagen zurücklegen konnte.

Los ging es also – noch war es kühl – aber nur kurz. Es ging schnell in Serpentinen bergab und schon lag das Rifugio hoch über uns. Ich bemerkte die nächste Forcella gar nicht, die Forcella Zoppei. Es ging immer weiter auf dem Grat, der uns eine Traumaussicht auf die beiden Extreme schenkte – rechte Hand lag immer noch das Bergemeer, links das Mittelmeer. Am Horizont flimmerte das Wasser der Adria.

Wir stoppten am Wegesrand und nahmen uns die Zeit, Wacholderbeeren zu pflücken. Mir wurde schlagartig klar, warum diese Biester so teuer sind. Aber der Gedanke an Omasüppchen, wie sie bei uns heißt, ließ sogar die Kinder mit in die Dornen greifen. Wir kamen an einer Hütte, dem Casere Cor, vorbei, dort weideten Kühe, aber es sah aus wie ein verfallener Schlachthof. Der Zauber der Bergwelt war fort. Es war nicht mehr das Gleiche. Der Knoten im Magen zog sich enger. Wir setzten uns in den Schatten, denn die Sonne brannte mittlerweile wieder unsäglich. Wir dachten, es sei heiß, wir hatten immer noch keine Ahnung, was uns erwartete! Weiter ging es hinüber zum Monte Cor, wunderschön immer auf dem Grat entlang. Irgendwann ging es leicht bergab, hinüber zum Rifugio Pian de le Femene. Wir hatten in diesen knapp drei Stunden schon wieder 600 Höhenmeter mit auf und ab hinter uns gebracht – das schaffe ich zu Hause in Düsseldorf nicht in zwei Wochen!

Das Rifugio lag an einem Fahrweg, dementsprechend war es ein Ausflugsziel der Italiener, die dort mit Kind, Hund, Katze, Maus, Mofa, Auto, Rad und Roller pausierten und zu Mittag aßen. Wir warfen uns überhitzt in der Laube in den Schatten und es wanderten in kürzester Zeit Mengen an Schorlen und Eis über die Theke. Das junge Kätzchen ließ uns ein bisschen wehmütig an unseren eigenen Stubentiger denken, der ganze fünf Wochen mit Hilfe der lieben Nachbarn allein zurechtkommen musste. Ob er uns das verzeihen würde?

Gestärkt liefen wir weiter – abwärts den Fahrweg entlang, der immer wieder die Gelegenheit bot, in den Serpentinen Abkürzungen zu nehmen. Das waren schöne kleine Wege durch Gestrüpp, vorbei an verfallenen und bewohnten Häusern, mit wunderbaren Möglichkeiten für schattige Trinkpausen. Wir wanderten in Richtung Revine.

Wunderschön war das Santuario San Francesco di Paola, das auf der rechten Seite auftauchte. Ein wunderschöner und beeindruckender Kreuzweg führte hinauf zu der Kirche, die mit ihrem weißen Dasein traumhaft vom stahlblauen Himmel herausragte. Der Gedanke, die Kirche bzw. den Kreuzweg zu besichtigen, kam uns nicht ernsthaft in den Sinn. Wir waren schon so dermaßen durchgeschwitzt von den vielen Stunden in der prallen Sonne, dass die Tomaten, die am Beginn des Kreuzweges standen, wesentlich interessanter waren. Man stelle sich einen stahlblauen Himmel mit weißer Kirche vor (mir kommt dabei Sacre Coeur als Bild in den Kopf, nur menschenleer), ein langer Kreuzweg-Aufgang im Zickzack mit grauen Mauern, immer wieder mit weißen Häuschen als Station unterbrochen, und davor wachsen im Schatten knallrote, saftige Tomaten!

Wir waren nicht nur zu dritt, sondern in Begleitung unserer Stuttgarter Freunde unterwegs. Ich konnte nur schwer widerstehen, mir eine zu nehmen. Ich traute mich nicht und es war eine sehr große Selbstbeherrschung! Man sollte meinen, nur Äpfel, Birnen oder saftige Trauben lassen einem das Wasser im Mund zusammenlaufen, aber Tomaten?? Ja, in einer solchen Extremsituation tatsächlich auch Tomaten!

Wir passierten Revine, ein wunderschöner alter Ort mit mittelalterlichem Charme. Die Häuser sind so italienisch und südländisch, so wie ich sie mir vorgestellt habe, der Ort in der Mittagshitze war aber wie ausgestorben. Was wollte uns das sagen...?

Wir fanden unseren Weg, der an der ehemaligen Waschstelle Revines vorbeiführte und folgten ihm leicht bergauf, durch waldiges Gelände, das wunderschön schattig war und kamen wieder auf einen Teerweg durch Nogarolo. Zum Glück hatten wir uns gegen den Weg am See entlang entschieden, er führte komplett durch die Sonne. Mittlerweile liefen wir schon auf der Strada del Prosecco entlang, die Wiege des Proseccos.

Dummerweise verpassten wir aber den Abzweig in Richtung Tarzo, der uns abseits der Fahrstraße nach Tarzo hineingeführt hätte. So wanderten wir durch die Vororte, meine Knie begannen wieder zu schmerzen, Teerstraßen waren nicht meine Freunde. Dann nahmen wir noch einen falschen Abzweig und gingen ein Stückchen bergauf. Das war nicht weiter schlimm, aber wir entdeckten unter uns ein sogenanntes Agriturismo, eine Art Urlaub auf dem Bauernhof auf Italienisch, das einen wahnsinnig blauen Pool hatte. Ich hätte von oben direkt hineinspringen können. Daneben lagen Urlauber mit Drink in der Hand und genossen die Sonne, vor der wir nur noch flüchten wollten. Das Leben ist nicht fair und ich vergaß für einen kurzen Moment, dass wir uns diese Qual selbst zu verdanken hatte. Also, Kehrtwende marsch, wieder hinunter zur Hauptstraße und weiter in Richtung Tarzo.

Selbst Luis als Motor unserer Familientruppe ließ sich irgendwann auf den Bordstein fallen und streikte. Leonie sagte schon länger nichts mehr. Wir tranken gefühlt alle 100 Meter, es war unfassbar. Bald hatte auch das ein Ende und Tarzo tat sich auf.

An der Hauptstraße angekommen beurteilten wir es als unmenschlich, auch nur einen Schritt weiterzulaufen. Wir wollten einen Joker einlösen, und befanden einen Bus für durchaus angemessen. Es musste ein Busplan her, eine Herausforderung in Italien. Irgendjemand sagte uns, dass es im Blumenladen jemanden gab, der die Abfahrtzeiten kannte. Klar, wo auch sonst?! Wir hatten die Nacht im Agriturismo El Noci gebucht, das außerhalb von Arfanta lag. Der Blumenladen negierte aber prompt die Möglichkeit eines Busses und eines Taxis, hatte aber die Idee, einfach im Agriturismo anzurufen und zu fragen, ob sie uns abholen könnten. Auf diesen Gedanken war ich gar nicht gekommen, vielleicht hatte ich auch schon einen Sonnenstich. Zumindest war ein Teil meiner Gehirngrütze verdampft. Definitiv.

Die Dame von El Noci war traumhaft, sie holte uns tatsächlich in Tarzo ab. Wir warteten im Schatten der Kirche, als der erlösende Wagen um die Ecke bog. Ich wäre tatsächlich die Strecke aus Prinzip noch weitergelaufen, aber die Gegenstimmen meiner Kinder ließ mich gehorsam schweigen. Als wir aber die Strecke mit dem Auto zurücklegten und ich sah, was wir noch hätten bewältigen müssen, wurde ich still und sehr, sehr dankbar. Die arme Frau, dachte ich dann, wie müssen wir wohl riechen?! Sie ließ sich nichts anmerken.

Wir fuhren vorbei an riesigen Weinbergen, auf denen ausschließlich die Proseccotrauben wuchsen. Auf diesen Weg trafen wir am folgenden Tag wieder – Strada di Prosecco.

Zunächst aber kamen wir am El Noci an, ein Anwesen, das wunderschön an einem kleinen Hang liegt und von dem man auf endlose Weinberge sieht. Soweit das Auge reicht – Prosecco. Mir tat es schon jetzt leid, dass ich keinen mit nach Hause nehmen konnte. Hauseigene Schafe blökten und es wurde gearbeitet.

Ich musste meine Augen reiben, denn dort stand – es fehlte nur noch die Engelsmusik – ein Pool. Wir konnten es nicht erwarten!! Schnell den Schweiß in einem Bad, das der Himmel schickte, abgeduscht und hinein in das kalte Wasser. Ich bin sicher, dass heute etwas davon verdampfte. Es war herrlich und der pure Luxus! Wir badeten in einem kleinen Pool, Blick auf die Weinberge, in einer Herberge, in der ich gut und gerne noch ein paar Tage hätte verbringen können.

Auf normale Körpertemperatur hinuntergekühlt und wieder klarer denkend, ging es dann zum Abendessen. Vor dem Gut waren Tische im Garten aufgestellt und wunderschön liebevoll gedeckt mit Servietten und Kerzen. Es wartete ein italienisches Vier-Gänge-Menü auf uns und das Flair erinnerte mich an ein Weingut in Südafrika. Wer das schon einmal gesehen hat, wird wissen, was ich meine.

Dazu bestellten wir eine Flasche Prosecco und ließen es uns einfach nur gut gehen. Das Essen war ein Traum und wir entspannten uns zutiefst. Ich hätte dort noch ewig in der untergehenden Sonne sitzen könne, wenn mich nicht irgendwann mein Körper in Bett geschickt hätte.

Zufrieden und müde stolperten wir hinein und hatten schon düstere Vorahnungen, was die kommenden Tage und ihre Temperaturen mit sich bringen würden.

TAG 22 – AGRITURISMO LE NOCI – PONTE DELLA PRIULA

18.08.2018

Angegebene Zeit: 6 Std. 45, tatsächliche Zeit: 7 Std.

Am nächsten Morgen wartete ein herrliches Frühstück auf uns. Es gab ein Buffet, das keine Wünsche offenließ. Nicht nur leckeren italienischen Kaffee, sondern auch hauseigene frische Früchte wie u.a. Pfirsiche, wie ich sie noch nie gegessen habe, Melonen, Aprikosen, hauseigenen Honig, Joghurt, Omelett frisch nach Wunsch gemacht, frischen Orangensaft, ach, ich kann es gar nicht alles aufzählen. Es war unfassbar und ich hatte das Gefühl, in meinem Leben noch nie so viel gefrühstückt zu haben. Es war ein Traum und die beste Voraussetzung, den Tag in den ersten Stunden genießen zu können.

Ich sage bewusst in den ersten Stunden, denn heute wartete wieder die mörderische Hitze vor der Tür auf uns, um uns brutal über die Stunden hinweg mürbe zu machen.

Zunächst buchte uns die liebenswerte Gastgeberin noch eine Unterkunft in Ponte della Priula, denn wir waren am Vorabend bei der Suche erfolglos geblieben. Gestärkt, motiviert und bestens gelaunt ging es los. Wir gingen an den Schafen vorbei hinab in den schattigen und somit kühlen Wald durch das riesige Anwesen von LeNoci. Wir passierten die Molinetto della Croda, ein

Haltepunkt vor Refrontolo für Wanderer und Biker, Ausflugsziel für Familien. An diesem noch recht jungen Tag waren wir eine der ersten Besucher und sahen uns die restaurierte und funktionsbereite Mühle an.

Wir liefen durch verschiedene Orte, typische kleine norditalienische Orte, die gegen Mittag wie ausgestorben wirkten. Immer wieder und überall passierten wir die Proseccoreben. Im Wanderführer waren diverse Möglichkeiten beschrieben, mittags eben diesen zusammen mit leckerem Essen zu probieren. Leider waren diese Möglichkeiten geschlossen, dass uns dieses Highlight vorenthalten blieb. Im Nachhinein war das wahrscheinlich gut so, denn Prosecco bei diesen Temperaturen zu trinken war sicherlich nur am Anfang ein Genuss. Schade war es trotzdem.

In Barbisano, ein kleiner Ort auf dem Weg, kam uns in der Mittagshitze eine alte Dame entgegen. Sie fragte uns nach unserem Ziel, wir antworteten „Monaco-Venezia". Da passierte etwas Unglaubliches. Die Dame strahlte uns an, applaudierte, rief ganz laut „Brrravoooo!" und verbeugte sich tief vor uns. Das war so selbstverständlich für sie, so überraschend für uns - ein sehr magischer Moment der Wanderung und wir waren sehr gerührt.

Als wir weiterliefen, entdeckten wir an einer Bank, die im Schatten zu einer kleinen Pause einlud. Dort angebracht war eine handgemalte deutsche Flagge und

Karte in Deutsch, vor Regen in Folie geschützt. Ein Ortsansässiger begrüßte uns Wanderer und teilte mit, dass die Brücke in Ponte della Priula wegen Bauarbeiten gesperrt sei. Gleichzeitig hatte er die möglichen Varianten der Piavequerung aufgelistet und aufgemalt. Wir konnten diese so nette Geste nicht glauben, er gab für weitere Fragen sogar noch seine Adresse in Barbisano um die Ecke an.

Berührt gingen wir weiter. Wie nett die Italiener waren! Wir bogen um eine Straßenecke und was jetzt kam, grenzte für uns an ein Wunder und war ein Geschenk des Himmels. Dort war eine – Trommelwirbel – Eisdiele! Wir stürmten zu fünft hinein und konnten unser Glück nicht fassen. Die Kinder fragten erneut, wie schon in Hall, vorsichtig, wie viele Kugeln sie denn essen dürften und ich konnte einfach nur antworten: „Bis ihr nicht mehr könnt." So bestellten wir genüsslich jeder vier Kugeln Eis, die im Umfang ihre deutschen Pendants um Längen schlugen. Glücklich und zufrieden wischten wir uns den Mund ab. Dann sahen die Kinder und ich uns an und wie selbstverständlich, ohne viele Worte, betraten wir erneut das Eiswunderland und bestellten erneut. So endeten wir mit fünf Personen, 24 Kugeln Eis und einem Espresso – eine rekordverdächtige Leistung, wie ich finde. Der Eisdielenchef schloss hinter unserer letzten Bestellung die Türe von außen ab, bedankte sich supernett und ging in die MITTAGSPAUSE!

Entsetzt fragten wir uns an dieser Stelle, was wir gemacht hätten, wenn wir 15 Minuten später angekommen wären. Es wäre grausam gewesen. Trocken meinte einer der Truppe nur: "Ihr wisst, dass es das Eis auch literweise zu kaufen gab? Wäre billiger gewesen." Wir mussten lachen. Fünf Liter, das wäre auch ein Highlight gewesen. Weiter ging es also – der heiße Asphalt wartete schon.

Was für ein wunderbares Fleckchen Erde, an dem wir innerhalb kürzester Zeit drei so schöne und einprägende Erlebnisse hatten.

Wir setzten unseren Weg fort, ein bisschen hinauf, ein bisschen hinab, kamen am Castello Collalto vorbei. Den Aufstieg und die Besichtigung sparten wir uns, es interessierte uns zu diesem Zeitpunkt ehrlicherweise ganz und gar nicht, verbrachten aber dafür viel Zeit an dem örtlichen Brunnen, der kaltes Trinkwasser ausspuckte. Das Gefühl zuerst den Kopf darunter zu halten und das Wasser an sich herunterrinnen zu lassen, war einzigartig und auf jeden Fall notwendig. Wir setzten uns in den Schatten und tranken, bis wir sicher waren, den Wasserhaushalt aufgefüllt zu haben. Ehrlicherweise dauerte das eine ganze Weile. Immerhin waren wir bis hierher schon satte drei Stunden bei Temperaturen um die 35 bis 38 Grad auf Teerstraßen in der Sonne unterwegs.

Endlich führte der nun schottrige Weg in Waldstücke und hinauf in das kleine Örtchen San Daniele.

Wenn wir bisher immer mal wieder auf die Belluneser Dolomiten zurückblicken konnten, so gab es jetzt nur noch den Ausblick nach vorne auf die Piaveebene und, durch dieses einzigartige Wetter, auch auf die gesamte norditalienische Ebene – bis an den Horizont. Vor uns konnten wir schon Ponte della Priula erblicken, unser heutiges Tagesziel. Nein, Spaß machte das heute tatsächlich nicht. Aber jeder Schritt brachte uns unserem Ziel näher, das reichte an Motivation.

Es ging recht unspektakulär auf Teerwegen weiter, bis wir den Hochwasserdamm am Piave erreichten und dort entlang bis zur Piavebrücke in Ponte della Priula liefen. Sie war tatsächlich für Fußgänger gesperrt, wie die selbstgemalte Karte uns schon vermittelt hatte. Darüber würden wir uns aber morgen Gedanken machen. Wir hielten uns links an der recht unattraktiven Hauptstraße und erreichten das definitiv merkwürdigste Hotel der Wanderung.

Es sah von außen geschlossen aus, aber wir fanden ein Schild, dass uns zum Klingeln aufforderte. Gesagt, getan. Ein Herr öffnete uns die Tür und ließ uns in die kühlen Räume. Netterweise bot er uns sofort kaltes

Wasser und Saft an, herrlich. Wir müssen hochrote Köpfe gehabt haben.

Kurios war der Blick auf den direkt daneben liegenden Speiseraum, in dem alle Tische und Stühle abgedeckt waren, als ob jemand ausgezogen oder gestorben war. Ich kam mir vor, wie in einem Spukfilm oder in der Rocky Horror Picture Show, beließ es aber bei seinem Kommentar, dass das Restaurant derzeit geschlossen sei. Wir zahlten im Voraus, er teilte uns noch Essensmöglichkeiten mit und führte uns zum Zimmer.

Der Weg dorthin war, hm, ich nenne es an dieser Stelle einfach eigenartig. Wir traten durch eine Türe und ich fühlte mich fast wie in einen Krankenhausflur katapultiert. Er zeigte auf einen Ausgang, der auf den Hinterhof führte, und teilte uns mit, dass dort jetzt unser Eingang sei. Im ersten Stock angekommen ging er über einen teppichbelegten Flur, Zimmertüren rechts und links, Totenstille, auf ein Zimmer zu, das unseres sein sollte. Es war kein Mensch zu hören, geschweige denn, zu sehen. Er schloss auf, uns schlug wunderbar kühle Luft aus der Klimaanlage entgegen. Bevor wir jedoch noch viel sagen konnten, war er schon wieder verschwunden und wir waren gefühlt und wahrscheinlich auch tatsächlich die einzigen Gäste im gesamten Hotel. So ganz wohl war uns nicht dabei, ich wartete jeden Moment auf eine Schrecksekunde wegen irgendetwas, aber es geschah nichts weiter. Wir schalteten den Fernseher ein, das sollte das einzige

Geräusch bleiben, das außer uns in diesen Wänden zu hören war. Wir widmeten uns stoisch der Dusche und tägliche Wäsche. Erstaunlich, dass man bei einer Langstreckenwanderung gleich dem Alltag in eine Routine fällt.

Während ich so auf meine Duschzeit wartete, erhielt ich von meinem Bruder einen Link auf ein YouTube Musikvideo – Cordula Grün. Wer dieses Video gesehen hat, der weiß genau, wie ich mich in dem Hotel gefühlt habe. Tanzende Menschen mit einer grünen Puppe, abgefahren, skurril und wie aus einer anderen Welt, in einem wahrscheinlich in genau diesem Hotel versteckten Zimmer. Es war hier genauso seltsam und meine Erinnerung an das Hotel wird auf ewig mit diesem Videoclip verbunden sein. Gleichzeitig kam noch die Nachricht der eingestürzten Brücke in Genua. Obwohl es Zufall war, so war es dennoch sehr, sehr unheimlich.

Frisch geduscht machten wir uns auf den Weg zum Abendessen – durch den menschenleeren und absolut geräuschlosen Flur inklusive Treppenhaus. Hätte mir jemand den Weg versperrt, wäre die Ausgangstüre geschlossen gewesen oder hätte mich jemand überfallen, es hätte mich nicht überrascht.

Aus der (Hinter-)tür getreten, fühlte ich mich wie in die normale Welt zurück katapultiert. Durchatmen, Supermarkt suchen, Vorräte auffüllen, Restaurant suchen – so war die Reihenfolge.

Wir fanden nach den Pflichten ein amerikanisches Restaurant. Die Lage war an der Hauptstraße, wenig angenehm. Die Busse, Autos und Mofas rauschten vorbei, aber wir waren nicht bereit, weiter auf die Suche zu gehen. Wir bestellten, und als ob es in diesen kuriosen Ort passte, vergaß der Kellner prompt einen Großteil der Bestellung. Das ist nicht weiter schlimm, aber wenn nach einer Tageswanderung dieser Dimension das Essen nicht kommt, kann das sehr, sehr sauer machen.

Zurück im komplett menschenleeren und totenstillen Hotel California, ja, daran erinnerte es mich auch, schlossen wir uns schnell ein und fielen um. Das war auch gut so, denn ich hätte mir ungerne weitere Vorstellungen über das Geschehen in diesem Bunker machen wollen.

TAG 23 – PONTE DELLA PRIULA – BOCCA CALLALTA

19.08.2018

Angegebene Zeit: 6 Std. 20, tatsächliche Zeit: 8 Std. 30

Wir hatten uns für die heutige Tour aufgrund der Temperaturen einen frühen Start vorgenommen. Ich torkelte gegen halb 6 schlaftrunken zur Toilette, um mich als wunderbaren Tagesbeginn in einem Riesenschwarm kleiner Rohrfliegen und in einem Gestank wie auf dem Dixieklo einer Baustelle wiederzufinden. Es war ein brutales Aufwachen.

Um kurz nach sechs Uhr standen wir frisch geduscht und bepackt im Café gegenüber und waren froh, wieder in Freiheit zu sein. Nach einem schnellen Frühstück machten wir uns auf den Weg hinaus aus dieser seltsamen Stadt zur gesperrten Brücke. Die Hitze war schon um diese Tageszeit spürbar.

Wir versuchten, eine Busverbindung auf die andere Seite des Piave zu finden, aber uns konnte wieder niemand helfen. Ein Italiener, den wir mit Händen und Füßen befragten, fragte nur „Treviso"? Ich dachte daran, dass die Richtung stimmte und bejahte. Er staunte nicht schlecht, konnte es nicht glauben, dass wir so weit zu Fuß gehen wollten. Meine Italienischkenntnisse reichten leider nicht aus, um ihm zu erklären, dass das nur unsere Richtung sei und sagte einfach „Venezia". Er verstand gar nichts mehr. Ich signalisierte ihm, dass wir laufen würden, und er ging kopfschüttelnd und ratlos davon. Da uns auch der Busfahrer, der kam, nicht verstand und komplett überfordert mit meinem bruchstückhaften Italienisch war, entschieden wir uns dafür, die Brücke einfach zu Fuß zu überqueren, ungeachtet der Sperrung. Es war so früh morgens und zudem noch Sonntag. Wir gingen das Risiko ein, fragt sich eigentlich sogar, was genau das Risiko sein sollte. Also, Abmarsch, weg aus diesem recht hässlichen Fleckchen Erde.

Zunächst war es kein Problem, der Fußgängerweg war durchaus begehbar. Nach ein paar Hundert Metern jedoch hörte er abrupt auf und wir mussten am Straßenrand laufen. Das hört sich harmlos an, war aber bei der Größe der Straße nicht ganz ungefährlich. Aber ausser ein paar nörgelnden italienischen Hupen kassierten wir keine Beschwerden. Wir waren froh, als wir hinter der Brücke im Kreisverkehr standen und der Fußweg sich unscheinbar und unattraktiv am Piave entlang wiederfand.

Gerade als wir uns umdrehen und auf den Fußgängerweg retten wollten, hupte es von der anderen Seite des Kreisverkehrs. Der Italiener von der Bushaltestelle hielt einfach an und rief uns laut zu: „Treviso?" Nein, wir schüttelten den Kopf. Er wollte uns tatsächlich dorthin fahren. Wir riefen erneut „Venezia" zurück. Er zuckte mit den Schultern, wir bedankten uns ein wenig überwältigt von der Geste, winkten, und gingen los. Er preschte davon. Wie nett war das denn bitte?!!

Unser Weg führte durch Gestrüpp und um ein sehr hässliches Kieswerk herum – dank Sonntag war kein Betrieb – und wieder zurück an den Piave auf den Damm. Die Sonne brannte, Schatten gab es nicht, dabei war es früher Morgen.

Leonie entdeckte einen Sprenger über dem Feld, riss ihren Rucksack ab, rannte hinunter auf das Feld und stellte sich unter den Sprenger. Zunächst sahen Luis und ich uns kopfschüttelnd an, aber ohne große Worte dafür zu benötigen, taten wir ihr es einige Minuten später genau nach. Was gibt es Besseres als eine solche Dusche? Es war die beste Idee des Tages.

Erfrischt ging es zurück auf den Damm, das Wasser verdampfte allerdings sehr schnell und wurde durch Schweiß ersetzt. Wir begegneten wenigen Menschen, aber denen, den wir begegneten, erschienen wir scheinbar etwas kurios.

Ein Radfahrer, ein älterer Mann, stoppte bei Sallettuol. Er fragte uns, woher wir kamen und wohin wir gingen. Wir antworteten „Monaco a Venezia", er zeigte auf die Kinder „Bambini?" und auf mich „Mama?". Wir bejahten und er schlug die Hände vor seinem Gesicht zusammen. „Maaaamma miaaaaa!!" war seine Reaktion. Dann nahm er sich uns an. Der Beginn einer Geschichtsstunde. Wir waren an einem sehr kunstvoll gestalteten Kriegsdenkmal des ersten Weltkriegs und er erklärte uns, wie die Gegend vor dem ersten Weltkrieg aussah. Er erklärte uns die Bestandteile des Denkmals, zeigte uns, bis wohin sich vor dem Krieg der Hafen ausgedehnt hatte, wo die einzelnen Stellungen waren. Er lobte uns dazwischen immer wieder und blieb fassungslos.

Wir entschieden uns, nach dieser lebendigen Unterrichtsstunde, die für uns alle drei sehr, sehr aufschlussreich war, eine kurze Rast im Schatten zu machen, bevor wir den Backofen wieder betraten.

Der Weg verlief durch verschiedene kleine Dörfer. Auffallend und irgendwann sehr nervtötend war tatsächlich das Kläffen der Hunde hinter den verschlossenen Türen. Ich hatte das Gefühl, alle Hunde dieser Welt wohnten in Venetien. Es ging durch wunderschöne Feldwege und bei 10-15 Grad weniger an Lufttemperatur hätten wir es ganz sicher in vollen

Zügen genossen. Wir passierten Weinreben, Kiwibäume, Tomatenstauden, Auberginen, die ganz anders aussahen als im Supermarkt in Deutschland. Feigenbäume, Granatapfelbäume, es war ein südländischer Traum.

Ich konnte den Tomaten dieses Mal nicht widerstehen, versuchte es auch gar nicht und bediente mich. Der Geschmack war unvergleichlich. Leider mag ich keine Feigen, sie standen überall am Wegrand und warteten nur darauf, gepflückt zu werden. Ich ließ sie ohne Tränen für unsere Nachfolger hängen.

Die letzten Kilometer liefen wir ausschließlich auf Asphalt entlang einer Hauptstraße. In Candelú legten wir noch eine kleine Trinkpause ein. Ich habe noch nie so schnell Wasserflaschen geleert.

Während wir so daher liefen grüßten uns so viele Auto- und Motorradfahrer. Sie zeigten den Daumen hoch, winkten, hupten. Es war, als ob sie uns zuriefen: „Haltet durch!" und ich muss zugeben, es motivierte tatsächlich. Zu verführerisch war die Möglichkeit, sich einfach in den Bus zu setzen und nach Jesolo zu fahren. Es war nicht mehr weit. Wir hielten durch.

Irgendwann erreichten wir unser nächstes Nachtlager in Bocca Callalta. Wir checkten ein und wurden in einen wunderbar frischen Flur und ein Zimmer geführt. Die Tür öffnete sich und heraus strömte die wundervollste kälteste Luft, die man sich vorstellen kann. Ich hatte das Gefühl, die Salzkruste von der Haut kratzen zu können. Wir duschten so ausgiebig, lange und gründlich, es war ein Fest. Die gewaschenen Sachen hingen wir in die Sonne, es konnte sich nur um Minuten handeln, bis das Wasser verdampfen würde.

Erfrischt freuten wir uns wie die Könige auf eine Pizza, aus dem Restaurant duftete es schon herrlich. Wir betraten den Flur und mussten feststellen, dass unsere Körper scheinbar so dermaßen erhitzt waren, dass derselbe Flur sich vor noch 45 Minuten so kühl angefühlt hatte. Nach der Abkühlung im Zimmer war es schon fast wieder warm. Wir genossen ein herrliches Glas italienischen Wein, ein fulminantes Mahl und wollten nicht an den nächsten Tag denken, an dem die Hitze uns wieder erschlagen würde.

TAG 24 – BOCCA CALLALTA – CAPOSILE

20.08.2018

Angegebene Zeit: 5 Std. 30, tatsächliche Zeit: 7 Std.

Nur ungerne verließen wir am nächsten Morgen diese herrliche Unterkunft. Wir machten uns schon vor dem Frühstück auf den Weg, um zumindest einen Teil der schlimmsten Hitze zu vermeiden. Wir verzichteten darauf, obwohl es im Preis inbegriffen war. Das sollte etwas heißen. Schnell besorgten wir uns ein paar leckere Sachen und einen Kaffee beim Bäcker gegenüber und trabten los.

Leider vergaß Luis sein Käppi, was er aber zum Glück nach wenigen hundert Metern schon bemerkte. Ja, man benötigte es tatsächlich schon um halb 7 morgens.

Er beeilte sich und hatte Glück, er kam schnell zurück und war direkt – was sonst – schon wieder überhitzt. Ich war sauer, dass wir deshalb schon wieder Zeit verloren hatten, da hätten wir auch frühstücken können. Aber als er so aufgeheizt und rot im Gesicht mit seinen dicken Wanderschuhen und Käppi in der Hand wieder vor uns stand, tat er mir so leid. Was ein Unsinn auch, das kann ja passieren. Hatte ich nicht auch mein Portemonnaie auf dem Hasenstall liegen lassen?! Ich entschuldigte mich für meine Laune.

Friedlich ging es weiter auf dem Damm in Richtung Caposile, unser heutiges Tagesziel. Angesetzt war eigentlich eine neunstündige Etappe, die wir aber so nicht laufen wollten. Es erschien mir unmöglich und auch komplett unnötig.

In Zenson di Piave gönnten wir uns eine Cola frisch aus dem Kühlschrank in einem kleinen Tante-Emma-Lädchen. Die Dame, die uns bediente, sah uns auch ungläubig an, als wir unseren Weg erklärten. Prompt kam die Mutter um die Ecke, die uns auch kennenlernen wollte und uns einen guten Weg wünschen wollte. Es war so rührend, wir lieb die Menschen hier waren. Heute ging es einfach immer weiter über den Piavedamm und über die Autobahnbrücke, die nach Venedig führte (skurril).

Plötzlich standen wir vor einem riesigen Denkmal für Ernest Hemingway, der hier im ersten Weltkrieg im Einsatz war. Er hatte Lebensmittel an die italienischen Soldaten verteilt und war dabei schwer verwundet worden. Es war überraschend, das hier zu finden und es war beeindruckend gestaltet.

Da wir mittlerweile solche kuriose Wegführungen kannten, kam es uns keineswegs seltsam vor, die auftauchenden Bahngleise einfach so zu überqueren. weiterlaufen auf dem Damm, immer weiter bis plötzlich dort am Ortseingang von Musile di Piave – als hätte es einen Regenbogen darüber und wir konnten dieses Mal wirklich die Harfenmusik hören – ein SUPERMARKT war!

Wir flogen den Damm durch Gestrüpp hinunter, Leonie erfasste den kürzesten Weg hinunter sofort, kaperten den Supermarkt und warfen uns auf das Obst. Wir konnten gar nicht genug bekommen von Melone, Trauben, Ananas, Apfel, Trinkjoghurt, Salat. Lustigerweise dachte ich, dass sich die Kinder auf Süßes stürzen würden, aber das Gegenteil war der Fall. Wir deckten uns mit frischen Sachen ein und zum Schluss, ganz zum Schluss, nahmen wir noch eine Packung Kekse mit. Das war aber irgendwie nur mit dem Pflichtgedanken, dass man nach allem anderen sicherlich Lust darauf hätte.

Im schattigen Eckchen auf dem Parkplatz setzten wir uns auf eine sehr hässliche Treppe, egal, und aßen gierig alles, wirklich alles, auf. Es fühlte sich an, wie eine Woche im Spa. Erstaunlich, wie der Körper mitteilt, was er benötigt.

Erfrischt und motiviert starteten wir vom Parkplatz in Richtung unserem heutigem Tagesziel – Caposile. Endspurt. Es ging einfach immer an der Straße entlang, sehr unspektakulär. Wir hatten den Piave mittlerweile zum ersten Mal seit mehreren Tagen verlassen, verschlangen viel Eis auf dem Weg, passierten eine Temperaturanzeige mit 37 Grad, bewunderten und klopften uns für diese Leistung auf die Schulter, wanderten durch Baumalleen an der Straße entlang, von denen nur der Schatten attraktiv war und hofften auf ein baldiges Ende der Etappe.

An einem Kreisverkehr verließen wir die Hauptstraße wieder und trabten in Richtung einer Schiffsbrücke über den Sile, ein kleines Flüsschen. Auch hier befand sich ein Kriegsdenkmal. Direkt hinter der Brücke war endlich unsere Unterkunft für heute erreicht. Ein kleines B&B, La Erba Matta, das liebevoll gestaltet war und wo man uns so herzlich begrüßte.

Zig Hunde waren dort zu Hause, Katzen, alle sprangen fröhlich durch den Garten. Wir durften unsere Sachen im großzügigen Garten auf der Leine aufhängen. Sie bekamen einen Ehrenplatz neben Tomatenstauden und Weinreben. Die Dame des Hauses bot mir beim Aufhängen kühles Wasser mit einer Zitrone aus ihrem Garten an – einfach köstlich.

Es war erst Nachmittag, aber wir waren so hungrig, dass wir uns schon jetzt auf die Suche machten. Auf dem Weg zu einem kleinen Lädchen unweit der Unterkunft sprang uns ein Eisentor in die Augen, auf dem der venezianische Löwe eingearbeitet war. Es war wunderschön und wir bekamen ein heftiges Kribbeln im Bauch. Morgen war es soweit. Morgen, ja wirklich schon morgen!

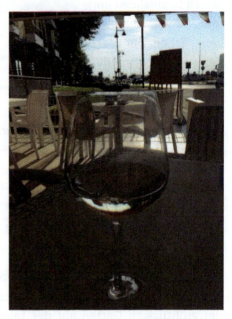

Wir fanden ein Plätzchen draußen mit kühlen Getränken. Während die Kinder sofort wussten, was sie trinken wollten, ich aber noch zweifelnd an der Bar überlegte, warf der Kellner mir ein fröhliches „Du brauchst einen Prosecco!" entgegen. Ich musste lachen und gab ihm Recht, dass sich das äußerst verführerisch anhörte. Zwei Portionen Melanzane und zwei Proseccos später, war ich zufrieden, satt und happy. Einer wäre sicherlich angemessener gewesen, aber der Gedanke, dass heute unsere letzte Nacht in der Ebene war und wir morgen in das Meer springen würden, beflügelte mich zusätzlich und mir war alles egal.

Gegenüber befand sich ein Prosecco- und Weinverkauf. Es war herrlich, es standen riesige Fässer ein einem Lagerraum. Die Kunden kamen mit Kanistern und füllten nach Bedarf ab. Preise waren in Litern angeschlagen, es roch nach Kellerei. Herrlich einfach und so genial. Ich wollte unbedingt etwas mit nach Hause bringen oder auch schicken, hatten sich doch unsere lieben Nachbarn in der gesamten Zeit um unsere Haustiere und den Garten gekümmert. Ich fragte nach Flaschenkauf. Die Dame lächelte mich freundlich an und hilfsbereit sagte sie mir, dass der Flaschenverkauf nur in Ponte di Piave sei, das sei aber schnell mit dem Auto erreichbar. Ich musste innerlich sehr lachen bei dem Gedanken, dass sie ja nicht wusste, dass wir gerade von genau dort kamen und uns zwei Tage zu Fuß durch die Hitze gequält hatten. Es war so paradox. Meine Antwort war also ein schlichtes, aber schmunzelndes und sehr amüsiertes „Nein, danke."

Wir verabschiedeten uns höflich und gingen ohne Prosecco und ohne Wein zurück.

Zurück in der Unterkunft fiel ich in einen seligen achtstündigen Tiefschlaf. Der morgige Tag würde sehr emotional, denn morgen würden wir tatsächlich das Meer erreichen. Wir hatten es so gut wie geschafft.

TAG 25 - CAPOSILE – MARKUSPLATZ

21.08.2018

Angegebene Zeit: 6 Std., tatsächliche Zeit: 10 Std.

Am Morgen frühstückten wir mit einer Familie in einem Raum. Bestens gelaunt feierten wir uns schon an diesem Morgen und beschmunzelten die Gäste, die mit dem Auto hier angereist waren und für die es in unseren Augen so viel weniger ereignisreich gewesen sein musste als für uns. Ich konnte es nicht glauben, dass wir heute das letzte Mal unseren Rucksack auf unserer Wanderung packten, das letzte Mal in die Hitze mussten und das letzte Mal über heiße Teerstraßen wandern würden. Lustigerweise zog Luis direkt in Badehose los, er dachte praktisch.

Wir verabschiedeten uns herzlich von unseren wundervollen Gastgebern und machten uns auf. Die Sonne lief schon wieder auf Hochtouren. Eine Freundin des Hauses winkte uns noch herzlich zu und wünschte uns einen guten Weg.

Heute stand uns theoretisch eine achteinhalbstündige Tour bevor. Wir hatten uns entschieden, uns nicht selbst zu quälen. Wir mussten niemandem etwas beweisen, denn immerhin hatten wir es bis hierhin weitestgehend problemlos geschafft. Uns lief der Schweiß schon nach den 500 Metern den Rücken hinunter und wir entschieden uns für eine 15-minütige Busfahrt nach Jesolo. Dadurch sparten wir uns 2,5

Stunden schweißtreibenden Weg durch die Hitze und gewannen 2,5 Stunden mehr am Meer. Dieser Gedanke ließ uns an unserer Entscheidung keine Sekunde zweifeln.

Wir stiegen in den klimatisierten Bus und feierten uns die gesamte Strecke bis nach Jesolo. Aus dem Bus war ersichtlich, dass die Strecke, wie befürchtet, Teerstraße war und wir nicht viel verpassten. Ein bisschen leid tat es mir schon aus Prinzip, denn dieser Streckenteil fehlte nun.

In Jesolo am Busbahnhof ausgestiegen verflog dieser Gedanke recht schnell. Es fühlte sich beim Aussteigen an, als ob unsere Körper eine Wand durchschneiden würden. Wir wussten augenblicklich, dass unsere Entscheidung richtig gewesen war. Von einer Sekunde auf die nächste stieg die Temperatur von gefühlten 20 auf 40 Grad. So falsch liege ich mit dieser Schätzung wahrscheinlich nicht.

Wir fanden den Weg zum Damm, der immer entlang des Sile führte. Es war wunderschön entlang des Schilfs, einsamer Häusern und versteckter Angelstellen. Wir waren beflügelt von dem bevorstehenden Bad im Meer und liefen bestens gelaunt durch die heiße Luft. Um die Zeit zu verkürzen spielten wir „Wer bin ich?" und wir lachten viel. Wäre heute nicht der letzte Tag gewesen, hätte ich geflucht statt gelacht.

Der Damm endete nach ungefähr drei Stunden und mündete auf die Brücke, der Ponte Cavallino. Wir waren etwas geschockt von der Betriebsamkeit, und da wir nichts anderes zu tun hatten, zählten wir die deutschen Autos, die uns vom Zeitpunkt des Betretens der Brücke bis zu deren Endpunkt entgegenkamen. Man glaubt es kaum, es waren satte 44! Die Brücke ist kurz, sehr kurz! Wir hatten eine böse Vorahnung, was uns am Strand erwartete.

Kurz hinter der Brücke machten wir den entscheidenden Schritt auf die Halbinsel Cavallino. Dort befand sich eine Bar. Entzückt ließen wir uns dort nieder und stürzten uns auf die Kaltgetränke und die Sandwiches. Leonie, unsere Künstlerin, baute einen ausgewachsenen Getränketurm, der auch mit sechs gestapelten Getränkedosen noch nicht wackelte. Wir forderten es heraus und tranken noch mehr. Dieser Tag war unser Festtag!

Bevor wir uns jedoch zum großen Finale aufmachten, zogen Leonie und ich noch schnell den Badeanzug an, ein feierlicher Moment. Wir trugen ihn für heute seit fast vier Wochen im Rucksack und jetzt war es endlich soweit.

Gestärkt ging es weiter durch bewohntes Gebiet. Am Straßenrand lag eine Schlangenhaut. Denen sind wir in den Bergen und auch danach zum Glück nie persönlich begegnet, obwohl häufiger vor Vipern gewarnt worden war. Luis wäre wahrscheinlich spätestens dann rückwärts den Berg herunter gepurzelt.

Wir marschierten stramm durch einen Kreisverkehr, und, ganz unerwartet, aber dann auch wieder nicht, wie in einem Traum, ganz plötzlich, tauchte am Horizont zum ersten Mal, Trommelwirbel, nein, kein Berg auf, sondern: DAS MEER!!!!

In diesem Moment bekam ich bei 40 Grad Gänsehaut. Es war so unglaublich. Mit stiegen die Tränen in die Augen. Nach 500 Kilometern, 22000 Höhenmeter (in eine Richtung wohlgemerkt!), Geröll, Schneefeldern, Scharten, Jochs, Kletterpassagen, Seilpassagen, Regengüssen, Hagel, Flussquerungen, unendlichen Hochdämmen, Überhitzung, Unterkühlung, Hunger, Durst, verzweifelten Aufstiegen, schmerzenden Knien bei Abstiegen, aufgeriebenen Schultern, Blasen an den Füßen, einem Kreislaufkollaps, Diskussionen, traumhaften Sonnenuntergängen, Lachen, Weinen, wunderschönen Sonnenaufgängen, netten

Begegnungen, neuen Freundschaften, Gedanken an Aufgabe, Motivation der anderen und einer Riesentüte voller Erlebnisse einer unfassbaren Wanderung, die wir nie vergessen würden, waren wir am Ziel. Wir waren am Meer.

Wir liefen nicht mehr, wir rannten fast. Sobald unsere Schuhe den Sand berührten, konnten wir diese gar nicht schnell genug ausziehen. Wir rissen sie förmlich ab, machten Bilder und konnten es nicht fassen.

Dann war es endlich soweit. Wir warfen den Rest des Ballastes ab und rannten in die Fluten. Noch nie waren wir so schnell im Wasser, es war vollkommen egal, was andere dachten, wir lachten, schrien, tauchten ab und langsam wieder auf!! Wir hätten bis Venedig schwimmen können. Am Ufer standen verwaist unsere

Rucksäcke und schienen uns zuzurufen: Macht ihr mal! Wir bekamen nicht genug vom Wasser. In diesem Augenblick erschien uns dieses Wasser der Adria als das schönste Wasser der Welt. Welche Extreme hat uns dieser Urlaub nur geschenkt!

Dieser Moment war unser gefühlter Endpunkt der Wanderung. Der Weg nach Venedig hinein verlor ganz plötzlich an Bedeutung. Er war nur noch der Wurmfortsatz.

Wir genossen jede Minute am Wasser. Wir überwanden uns erst spät, aus dem Wasser zu steigen, aber es fühlte sich noch immer falsch an. Daher blieben wir in seiner Nähe und spazierten dort barfuß im Sand entlang. In Wanderhosen, dicke Wanderschuhe in der Hand, Rucksack auf, Handtuch greifbar, so ging es immer und durch das Wasser entlang. Wir genossen und amüsierten uns über die Blicke der Badenden und sich wie die Hühnchen am Grill drehenden Menschen, die auf uns gerichtet waren. Am lustigsten waren diejenigen, die so taten, als würden sie uns gar nicht beachten, um dann, wenn wir vorbeigegangen waren, uns neugierig und verwundert hinterher sahen. Wir fanden es großartig, denn so wie diese Menschen uns als anders betrachteten, so fühlten wir uns auch. Wir sprangen immer wieder ins Wasser, wir konnten es nicht lassen, schlemmten vollkommen überteuertes Eis und entschieden uns nach einer beachtlichen Strecke entlang der Badebuchten, auf die Via Fausta, der Hauptstraße bis Punta Sabbioni, zurückzukehren und die verbleibende Strecke ohne Umschweife hinter uns zu bringen.

Wir entfernten uns vom Wasser, um durch einen Campingplatz auf die Straße zu kommen. Jemand pfiff hinter uns, Leonie machte mich darauf aufmerksam. Ich hatte es gar nicht gehört. Es pfiff wieder, und als ich mich umdrehte, sah ich eine wild gestikulierende Strandaufsicht auf ihrem Hochstuhl. Sie winkte uns heran und ließ einen italienischen Redeschwall auf uns niederprasseln. Dabei gestikulierte sie wild und hörte sich nicht unbedingt freundlich an. Als sie merkte, dass wir sie nicht so ganz bis gar nicht verstanden, rief sie einen englischsprachigen Kollegen heran. Wir wurden von ihm zunächst etwas arrogant gefragt, ob wir Gäste des Campingplatzes seien. Wir verneinten. Daraufhin teilte er uns mit, dass wir in diesem Falle zwei Kilometer zurücklaufen müssten, dort sei der öffentliche Zugang zur Straße.

Ich muss rot angelaufen sein vor Wut, denn ich holte einmal gaaaanz tief Luft und sagte ihm in meinem ganz persönlichen Redeschwall folgendes: "Wir sind ziemlich genau 500 Kilometer gelaufen, sind seit 4 Wochen unterwegs und SIE SAGEN MIR ERNSTHAFT, DASS ICH ZWEI KILOMETER ZURÜCK!!!!!!!! laufen muss?! Das werden wir auf gar keinen Fall und niemals tun. Ich gehe nur und ausschließlich vorwärts!" Ich sah ihn förmlich zurückzucken und er fragte vorsichtig und sehr leise: " 500?????" „JA, 500!!!!!!!!" und ich setzte noch drauf „Si, MONACO A VENEZIA!" Er verzog sein Gesicht, holte tief Luft und antwortete ohne weitere Diskussion: "Ok, geht ca. zwei Kilometer geradeaus, dort ist die nächste öffentliche Möglichkeit, um auf die Via Fausta zu kommen." Na bitte, geht doch.

Er wünschte uns noch einen guten Weg und wir gingen für weitere zwei Kilometer am Wasser entlang, bevor wir die Schuhe ein letztes Mal schnürten und auf die Straße zurückgingen. Endspurt.

Quälende weitere drei Stunden entlang der Straße mussten nun bewältigt werden, es kam mir schlimmer vor, als jeder Berg. Immer geradeaus, verschwitzt, wir passierten Bushaltestelle nach Bushaltestelle, und nein, wir erlagen nicht der Verführung.

Und wie jeden Tag kam auch dieses Ziel irgendwann in Sichtweite. Endlich, dort war es! Punta Sabbioni. Wir waren da. Hier endete unser Fußmarsch! Stolz drängelten wir uns alle drei an das Ticketbüdchen und kauften drei Tickets „A Venezia!" und „Si!" bitte, one way.

Und: Ja, selbstverständlich kauften wir drei Softdrinks an der Anlegestelle für fast 10€. Ich habe noch nie im Leben so viel Geld so gerne für drei Getränke bezahlt. Und ebenfalls auch noch nie so schnell ausgetrunken.

Wir setzten uns zu quengelnden Kinder neben ihren Eltern, Tagesausflüglern, Italiener, die in Parfum statt dem Meer gebadet hatten und waren einfach nur glücklich – und ungläubig.

Leonies Gesicht sprach Bände – nie zuvor war sie hier gewesen. Sie staunte über den Ablauf und die Skyline, das turbulente Geschehen. Ebenso Luis, der sich vor vier Jahren versprochen hatte, wiederzukommen. Dass es zu Fuß sein würde, hatte er natürlich nicht erwartet. Das machte diese Fahrt zum Markusplatz so besonders.

Alle drei genossen wir den Fahrtwind und waren voll freudiger Erwartung auf die Ankunft.

Das Boot legte an und unsere Füße schritten auf das Festland. Er durchfuhr mich eine Welle des Glücks. Wir umarmten uns, klatschten ab und schoben uns durch die Touristenmenge in Richtung Markusplatz. Rechte Hand die Seufzerbrücke, am Dogenpalast vorbei, um die Ecke gebogen, da war er! Der Markusplatz.

Ich gebot meinen Kindern Einhalt und holte mein rotes Handtuch aus dem Rucksack. Ausgerollt auf dem Boden ersetzte es den roten Teppich und meine Kinder schritten etwas peinlich berührt auf den Markusplatz. Das war mir egal, denn ich wusste, dass sie es insgeheim selbst nicht fassen konnten, was gerade passierte.

Meine Kinder und ich hatten für uns fast Unvorstellbares geleistet. Wie oft hatten wir vor der Abreise gehört:

Ich glaube, das ist eine Nummer zu groß für Euch.

Habt Ihr überhaupt alpine Erfahrung?

Wisst Ihr eigentlich, wie gefährlich das ist?

Was macht Ihr bei Dauerregen?

Übernehmt Euch nicht.

Seid Ihr verrückt?

Aber die Nr. 1 ist nach wie vor: Nehmt Klopapier mit.

Mich hat das tiefe Vertrauen in meine Kinder nie verlassen. Ich war mir immer sicher, dass sie sich in der Gefahrenzone nicht übernehmen würden und auch in grenzwertigen Situationen die Ruhe bewahren würden. Ich wusste, dass wir als Team niemals scheitern würden – alle für einen, einer für alle. Das war unser Motto von Beginn an. Wir ergänzten uns perfekt, das haben wir immer getan. Trotz Streit, trotz unterschiedlicher Ansichten, wir haben immer die Meinung des anderen respektiert.

Was nehmen wir von dieser einzigartigen Tour mit? Wir werden es nie vergessen. Auf keiner Reise werden wir je wieder so zusammengeschweißt werden, wie auf dieser. Deshalb waren mir diese vier Wochen so wichtig. Ich habe es als eine Art Abschiedstour ihrer

Kindheit gesehen. Das hieraus geschöpfte Selbstbewusstsein kommt heute im Alltag bei uns allen Dreien immer wieder zu Tage. Wenn wir denken, dass wir es nicht schaffen, sagt einer von uns immer: "Hey, Du bist über die gesamten Alpen gelaufen und hieran meinst Du zu scheitern?!" Damit ist eigentlich alles gesagt.

Danke an meinen Bruder für das Toilettenpapier. Es hat die Wanderung sehr genossen und ist in Venedig ausgestiegen.

Danke an meine beiden für diese unvergessliche Zeit.

Danke Leonie, dass Du Dir diese Wanderung zugetraut hast, Dir vertraut hast und all Deinen Mut zusammengenommen hast, um mitzukommen. Dein Humor und Dein Realismus sind erfrischend.

Danke Luis, dass Du Deinen Traum nie aufgegeben hast und Du derjenige warst, der uns dieses Abenteuer und diese Erfahrung geschenkt hat.

Die aus dieser Zeit gewonnenen Grenzerfahrungen werden uns alle drei für immer begleiten.